环保与生活

开封市第十四中学　编

河南科学技术出版社
· 郑州 ·

图书在版编目（CIP）数据

环保与生活 / 开封市第十四中学编. —郑州：河南科学技术出版社，2017.4
（2023.2重印）
ISBN 978-7-5349-8640-6

Ⅰ.① 环… Ⅱ.① 开… Ⅲ.① 环境保护—初中—教材 Ⅳ.① G634.591

中国版本图书馆CIP数据核字（2017）第058965号

出版发行：河南科学技术出版社
地址：郑州市经五路66号 邮编：450002
电话：（0371）65788618 65788637
网址：www.hnstp.cn
策划编辑：樊晓辉
责任编辑：许 静
责任校对：吴华亭
封面设计：付丽萍
责任印制：朱 飞
印 刷：永清县晔盛亚胶有限公司
经 销：河南省新华书店
幅面尺寸：185 mm × 260 mm 印张：5.75 字数：100千字
版 次：2017年4月第1版 2023年2月第2次印刷
定 价：48.00元

《环保与生活》编委会

主　编　吕中伟　杜　强

编　委　李瑞全　杨　凯　周雅娟　刘　振
　　　　阮　军　赵　楠　向　虹　王静芳

编写者　单莉霞

前　言

环境保护是指人类为解决现实的或潜在的环境问题，协调人类与环境的关系，保障经济社会的持续发展而采取的各种行动的总称。随着环境问题的日益复杂化，我国把环境保护提升到空前的高度。校园环境教育是贯彻保护环境这一基本国策的一项基础工程，是中国持续发展能力建设的一个重要内容。本教材关注开封的环境保护和未来发展，主要体现在以下三个方面：

一是基于生态文明的理念。生态文明是人类社会文明发展的一个新阶段，生态文明是以人与自然、人与人、人与社会和谐共生、良性循环、全面发展、持续繁荣为宗旨的社会形态。以生态文明为基本理念编写教材符合现代社会发展的要求。

二是以社会可持续的、和谐的发展为基本内容。本教材包含生态环境、可持续发展、环境友好型社会三大专题，涉及生态、科技、生产与消费及生活等方面。从环境保护向可持续发展迈进，符合现代社会对环境教育的要求，有利于学生全面地、综合地、实事求是地看问题。

三是立足于培养学生的社会责任感，强调培养学生从思考到行动的能力。本教材选取了最新社会案例、时事热点新闻、政策法规，让学生结合真实的材料进行思考、讨论，逐渐形成负责任的环境意识。本教材始终强调学生的参与，指导学生开展综合实践活动，力求环境保护知识、思想与行动紧密结合。

希望环境保护教育教材能为推进生态文明建设、增强学生的环境保护意识做出贡献。

目录

专题一　保护生态环境

第 1 课　十面“霾”伏

2015 年 12 月，开封多日遭遇雾霾天气，如图 1-1 所示，市气象台连续发出橙色雾霾预警。同时，浓重的雾霾侵袭了我国华北地区，发生“严重污染”的城市还有很多。

图 1-1　2015 年 11 月 28 日至 12 月 1 日开封发生重度雾霾

雾霾，已经成为当今社会重点关注的问题。什么是雾霾？它是怎样产生的？它有哪些危害？我们要采取哪些措施治理雾霾？这些就是这节课我们要讨论的问题。

知识链接

什么是雾霾？

在水汽充足、微风及大气层稳定的情况下，相对湿度达到100%时，近地面空气中的水汽便会凝结成细微的水滴或冰晶悬浮于空中，使地面水平的能见度下降，这种天气现象称为雾，如图1–2所示。霾，也称阴霾、灰霾，是指原因不明的大量烟、尘等微粒悬浮而形成的混浊现象，如图1–3所示。霾的核心物质是空气中悬浮的灰尘颗粒，气象学上称为气溶胶颗粒。

中国不少地区将“雾”并入“霾”一起作为灾害性天气现象进行预警预报，统称为“雾霾天气”。二氧化碳、氮氧化物和可吸入颗粒物这3项是雾霾的主要组成成分，前两项为气态污染物，最后一项颗粒物才是加重雾霾污染的罪魁祸首。它们与雾气结合在一起，让天空变得灰蒙蒙的。

图1–2　雾

图1–3　雾霾

PM_{10} 和 $PM_{2.5}$

PM，英文全称为 particulate matter（颗粒物）。PM_{10} 是指大气中直径小于或等于 10 微米的颗粒物；$PM_{2.5}$ 是指大气中直径小于或等于 2.5 微米的颗粒物，也称为可入肺颗粒物，如图 1–4 所示。

与粒径较大的大气颗粒物相比，$PM_{2.5}$ 粒径小，可吸入肺部，含有大量的有毒、有害物质且在大气中的停留时间长、输送距离远，对人体健康和大气环境质量的影响更大。

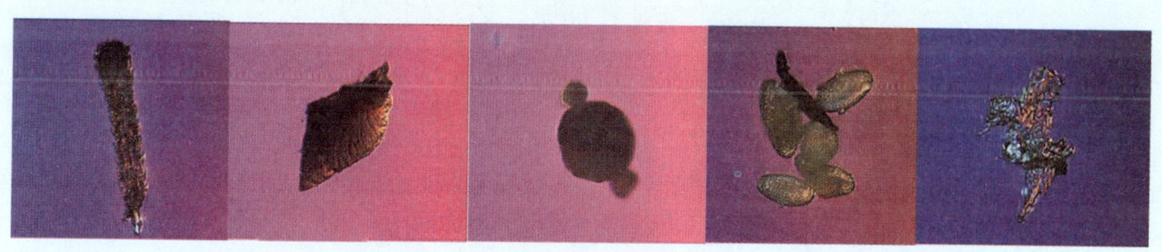

图 1–4　显微镜 1 000 倍（目视）拍摄到的雾霾颗粒

世界卫生组织发布的 2005 年《空气质量准则》中规定空气中 $PM_{2.5}$ 的平均浓度不超过 10 微克 / 立方米，24 小时平均浓度不超过 25 微克 / 立方米。2012 年，我国国务院发布的《环境空气质量标准》，制定了 $PM_{2.5}$ 浓度的限值标准，于 2016 年 1 月 1 日全面实施。

空气质量指数（AQI）

空气质量指数（Air Quality Index，AQI）是定量描述空气质量状况的指数。针对单项污染物，还规定了空气质量分指数。参与空气质量评价的主要污染物为细颗粒物、可吸入颗粒物、二氧化硫、二氧化氮、臭氧、一氧化碳等 6 项。AQI 的数值越大、级别和类别越高、表示颜色越深，说明空气污染状况越严重，大家可以将 AQI 作为安排生活与出行的参考。

不同 AQI 数值对应的级别、类别、表示颜色、对健康的影响及应对措施见表 1–1。

表 1–1　不同级别 AQI 对健康的影响及应对

AQI 数值	级别	类别及表示颜色		对健康的影响	应对措施
0 ~ 50	一级	优	绿色	空气质量令人满意，基本无空气污染	各类人群可正常活动
51 ~ 100	二级	良	黄色	对极少数异常敏感人群有影响	极少数异常敏感人群应减少户外活动
101 ~ 150	三级	轻度污染	橙色	易感人群症状轻度加剧，健康人群出现刺激症状	儿童、老年人及心脏病、呼吸系统疾病患者应减少长时间、高强度户外活动
151 ~ 200	四级	中度污染	红色	进一步加剧易感人群症状，对健康人群心脏、呼吸有影响	易感人群避免户外活动，健康人群适量减少户外活动
201 ~ 300	五级	重度污染	紫色	心脏病和肺病患者症状显著加剧，运动耐受力降低，健康人群普遍出现症状	易感人群停止户外活动，健康人群减少户外活动
> 300	六级	严重污染	褐红色	健康人群运动耐受力降低，有明显强烈症状，提前出现某些疾病	易感人群应当停留在室内，避免体力消耗，一般人群避免户外活动

雾霾是怎样产生的?

雾霾天气自古有之，人类生产生活和火山喷发等人类活动或自然现象都可能导致雾霾天气。不过在人类进入化石燃料时代后，雾霾天气才真正威胁到人类的生存环境和身体健康。急剧的工业化和城市化导致能源消耗迅猛、人口高度聚集、生态环境遭到破坏，为雾霾天气的形成埋下伏笔。

雾霾产生的源头多种多样，比如汽车尾气排放、工业排放、建筑扬尘、垃圾焚烧等，雾霾天气通常是多种污染源混合作用形成的。

城市中雾霾产生的人为因素主要有以下几种：

第一，汽车尾气。机动车的尾气是雾霾颗粒最主要的成分，作为一些汽车拥有量较大的城市，需要控制机动车尾气排放，减少雾霾天气的形成。

第二，冬季北方烧煤供暖所产生的废气。

第三，工业生产排放的废气。比如冶金、机电制造业，还有大量汽修喷漆、建材生产、窑炉燃烧排放的废气。如图 1–5 所示。

第四，建筑工地和道路交通产生的扬尘。

第五，可生长颗粒，细菌和病毒的粒径相当于 $PM_{0.1}$ ~ $PM_{2.5}$，空气中的湿度和温度适宜时，微生物会附着在颗粒物特别是油烟（图 1–6）的颗粒物上。微生物吸收油滴后转化成更多的微生物，使得雾霾中的生物有毒物质生长增多。

图 1–5　发电厂排烟

第六，家庭装修中产生的粉尘。室内粉尘弥漫，不仅有害于工人与用户健康，增添清洁负担，粉尘严重时，还给装修工程带来诸多隐患。

图 1–6　烧烤摊“烟雾缭绕”

如今很多城市的污染物排放水平已处于临界点，对气象条件非常敏感，空气质量在扩散条件较好时能达标，一旦遭遇不利天气条件，空气质量和能见度就会立刻下滑。

开封市 $PM_{2.5}$ 有下面几个重要来源，分别是土壤尘、燃煤、生物质燃烧、工业污染、垃圾焚烧、汽车尾气、城市扬尘、餐饮油烟等，这些一直是专家关注的焦点。

思考：为什么我们北方冬季多雾霾发生，而夏季雾霾很少发生呢？

雾霾有哪些危害？

雾霾会造成空气质量下降，影响生态环境，给人体健康带来较大危害。雾霾天气对交通运输、农作物生长等均会产生重要影响。

1．对人体产生的危害

(1) 对呼吸系统的影响。霾的组成成分非常复杂，包括数百种大气化学颗粒物质。其中有害健康的主要是直径小于10微米的气溶胶颗粒，它能直接进入并黏附在人体呼吸道和肺泡中，引起急性鼻炎和急性支气管炎等病症。长期处于这种环境会诱发肺癌。

(2) 对心血管系统的影响。雾霾对人体心脑血管疾病的影响也很大，会阻碍正常的血液循环，引发高血压、冠心病、脑溢血，并可能诱发心绞痛、心肌梗死、心力衰竭等疾病。另外，浓雾天气气压比较低，会使人产生烦躁的感觉，血压也会随之增高。

(3) 雾霾天气还可导致近地层紫外线的减弱，使空气中传染性病菌的活性增强，传染病增多。

(4) 雾霾天日照减少，紫外线照射不足，导致儿童体内维生素D生成不足，对钙的吸收大大减少，严重的会引起婴儿佝偻病、儿童生长减慢等。

2．对交通造成的影响

雾霾天气时，由于空气质量差，能见度低，容易引起交通阻塞，发生交通事故。在日常行车、行走时，应该多观察路况，以免发生危险。

3．对经济的影响

雾霾天气阻碍了一些生产活动的正常进行。据报道，我国每年因为空气污染造成的经济损失，仅疾病成本估算就相当于国家生产总值的1.2%。

怎样应对雾霾？

(1) 外出戴口罩，外出归来后应立即清洗面部及裸露的肌肤。

(2) 饮食清淡，多喝水，适量补充维生素D。

(3) 雾霾天气少开窗，减少户外运动，不去车辆密集、人群拥挤的地方。

(4) 易感人群少外出。雾霾天气时，有慢性呼吸道疾病或者体弱多病者、老年人、儿童、孕妇等应减少外出；呼吸道疾病患者，若确有外出需要，应随身携带药物。

实例分析

2015年11月28日至12月1日，华北大部地区被雾霾笼罩，雾霾区域

由北京延伸至西南方向数百千米，包括关中平原地区，如图 1–7 所示。京津冀及其附近 23 座城市，空气质量指数达到“非常不健康”或“危险”水平。北京市 $PM_{2.5}$ 指数超过 500，气象部门发出最高橙色预警，呼吁民众待在家中。工厂减产，建筑工地停工，高排量汽车被禁止上路。

环保部专家分析重度污染天气的形成原因有以下几点：第一，污染物排放量大是根本原因。燃煤、工业、机动车、建筑和道路扬尘是主要排放源。第二，气象条件不利于污染物的扩散是直接原因。第三，区域污染和本地污染的叠加是重要因素。

图 1–7　2015 年 11 月 30 日我国华北地区气象图

（1）分析案例，总结导致华北地区发生雾霾的“元凶”有哪些，分别又是什么在起作用，并补全表 1–2。

表 1–2　华北地区雾霾的形成因素

自然因素		
人为因素	直接燃烧	供暖燃煤
	工业生产	
	农业生产	
	汽车尾气	
	……	

（2）搜集资料、走访调查，共同探讨开封市雾霾形成的原因是什么，主要影响因素是什么，并形成报告。

思考讨论

治理雾霾需要多少年

2014 年“两会”前夕，科技部有关人士表示，发达国家在发展过程中都经历了类似我国当前的污染阶段，洛杉矶、伦敦、巴黎等城市经验表明，雾霾治理要 30 年左右的时间。

1943 年，美国洛杉矶遭遇“毒雾”，造成巨大的损失。经过漫长的治理，直到 20 世纪末，洛杉矶烟雾问题才基本得到解决，此时已距烟雾产生时近 60 年。英国在 1952 年爆发了严重的“烟雾事件”，数周内逾万人死亡，被列入 20 世纪十大环境公害事件。通过一系列整治措施和 50 余年的不懈努力，伦敦乃至整个英国的空气质量得到了基本改观。但据有关数据显示，伦敦至今仍为欧洲空气质量最差的首都。

中国空气污染有自己的独特性，主要在于发达国家的空气污染是在百年工业化过程中出现的，而中国是二三十年积累下来集中爆发污染，新老污染叠加，区域之间相互影响，情况比发达国家复杂得多。

（1）治理雾霾能否一蹴而就？

（2）作为普通的城市居民，我们如何用自己的实际行动减少空气污染，为遏制雾霾出一份力？

对绿色出行的思考

随着生活质量的不断提高，城市内私家车数量快速增加。

环境保护部发布的《2013 年中国机动车污染防治年报》显示，我国连续 4 年成为世界机动车产销第一大国，机动车污染已成为我国空气污染的重要来源。

汽车的尾气中含有上百种化合物，其中污染物有固体悬浮颗粒、一氧化碳、二氧化碳、碳氢化合物、氮氧化物、铅及硫氧化合物等。

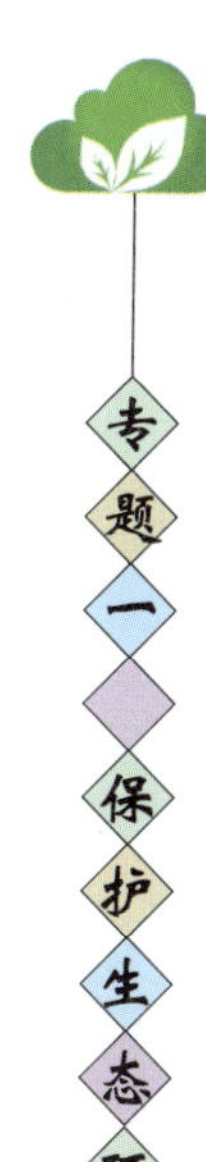

机动车还会产生噪声污染、光污染、热污染和水污染。在直接危害人体健康的同时，还会对人类生活的环境产生深远影响。

（1）你家或者亲戚朋友家有私家车吗？回忆自己家并调查亲戚朋友家私家车出行和绿色出行的频率，讨论私家车出行和绿色出行的协调方案。

（2）你如何看待“无车日”？你觉得“无车日”对于减轻汽车污染有用吗？

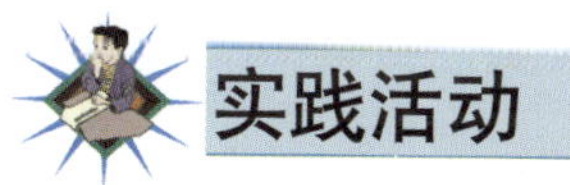

“雾霾”专题研究

(1) 同学们成立研究小组，然后确定有关雾霾的主题，如“$PM_{2.5}$是什么”“雾霾的危害”等。

(2) 各小组制订研究计划，做好组内分工，确定研究方法。

(3) 通过上网、查阅报刊、调查、访问等方法搜集整理有关雾霾的资料。

(4) 整理资料，选择自己喜欢的方式把研究成果展示给全班同学。

第 2 课　地球出汗了

图 2–1　南极的企鹅

据最新统计分析，全球平均温度自 1880 年以来，已经升高了约 0.8℃。气温上升带来的是结冰季节的缩短，随着南极冰层的消融，企鹅（如图 2–1）的栖息地渐受威胁。不仅如此，全球变暖也影响了南极的食物链，生活在浮冰下的浮游生物大量死亡，以浮游生物为主食的磷虾同样也未能幸免，而磷虾正是企鹅的重要食物。气候的变化正严重威胁着这些物种的生存。

知识链接

什么是温室效应?

通常人们把养花、育苗的玻璃房叫温室。如图 2–2 所示。当阳光透过玻璃，照射在室内物体上时，物体因吸收了阳光的能量而变暖。变暖的物体，又以发射出人的肉眼看不见的红外线的形式来释放出能量。但是玻璃这种物质，有阻止红外线向室外传播的特性。这样一来，室内温度就会升高，这种现象就是温室效应。如图 2–3 所示。

图 2–2 温室

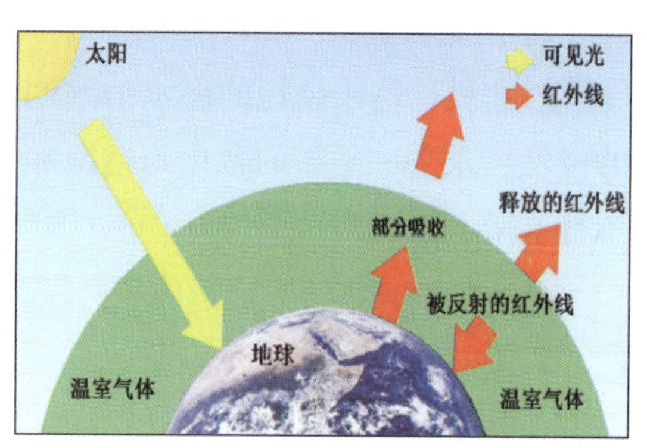

图 2–3 温室效应示意图

大气中的二氧化碳、水、甲烷、一氧化碳、臭氧等气体，跟玻璃相似，也有阻止红外线传播的作用。因此，当空气中这些气体含量增多时，地球上发射出的红外线在向外层空间传播时，就会受到阻碍，从而造成气温升高，这就是现在人们常说的温室效应，而这些气体也就成了温室气体。如图 2–4 所示。

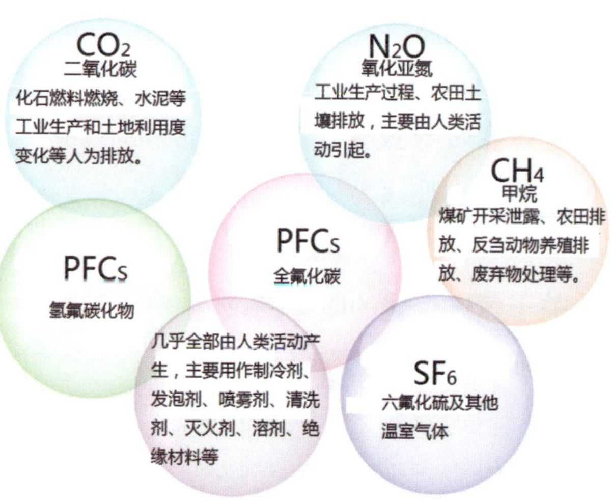

图 2–4 大气中的温室气体

空气中的二氧化碳含量增加的主要原因，是随着工业和交通运输业的大力发展，煤炭、石油、天然气等燃料的用量急速上升。而这些燃料的主要成分是碳的化合物，燃烧时都要生成二氧化碳排入空气中。现在全世界每年二氧化碳排放量已增加到55亿吨，而100年前的年排放量还不到1亿吨。

全球变暖的危害有哪些？

1. 海平面在20世纪平均上升了10 ～ 20厘米

全世界大约1亿居民居住在平均海拔1米以内的区域，海平面上升就可能淹没沿海低地和部分岛屿，这种上升会对沿海居民造成重大影响。太平洋岛国马尔代夫的平均海拔仅1.2米，围绕首都马累的防波堤一直受到上涨潮汐的攻击。

2. 南北极遭殃

在北极，越来越短的海水结冰期已无法调节海洋风暴以及风暴对海岸的侵蚀。永久冻结带的融化给道路和建筑的地基带来严重破坏，沿岸居民不得不搬走。

海冰的消失将毁灭已适应了两极环境的物种，如北极熊、海豹、企鹅等。

3. 极端天气发生更加频繁

全球变暖可能导致更加频繁的极端天气。强烈的风暴、热浪、干旱、洪涝、沙尘暴等极端天气出现的频率和强度正在增加。

4. 动植物生长受到影响

迅速的气候变化会抑制许多物种的适应能力。研究发现，许多欧洲植物的开花时间提早了，而落叶时间推后了；许多鸟类和青蛙的繁殖时间提前了。随着海水温度的升高，珊瑚礁呈现出变白的趋势。

5. 人体健康受到威胁

全球变暖导致臭氧浓度增加，低空中的臭氧是非常危险的污染物，会引发哮喘、心脏病等疾病的发生。全球变暖造成蚊虫大量繁殖，导致疟疾、猩红热、脑炎等传染病的发生。

关于气候变化的国际决议

目前，国际上已有多个关于气候变化的国际决议，见表2-1。

《联合国气候变化框架公约》是第一个为全面控制二氧化碳等温室气体排放，以应对全球气候变暖给人类经济和社会带来不利影响的国际公约，也是国际社会在应对全球气候变化问题上进行国际合作的一个基本框架。

该公约的目的是控制温室气体的排放，以尽量延缓全球变暖速度，但是没有规定参加国具体要承担的义务，具体问题体现在之后的《京都议定书》中。

表 2-1　关于气候变化的国际决议

决议名称	通过时间	通过地点	会　议
《联合国气候变化框架公约》	1992 年 6 月 4 日	巴西里约热内卢	联合国环境与发展大会
《京都议定书》	1997 年 12 月	日本京都	《联合国气候变化框架公约》第 3 次缔约方大会
《哥本哈根协议》	2009 年 12 月	丹麦哥本哈根	世界气候变化大会
《采取气候行动利马呼吁》	2014 年 12 月	秘鲁利马	利马气候大会
《巴黎协定》	2015 年 12 月	法国巴黎	巴黎气候变化大会

《京都议定书》的目标是将大气中的温室气体含量稳定在一个适当的水平，进而防止剧烈的气候变化对人类造成伤害。《京都议定书》规定，发达国家的温室气体排放量在 2008—2012 年要在 1990 年的基础上年均消减 5.2%。2005 年 2 月 16 日，《京都议定书》正式生效。这是人类历史上首次以法规的形式限制温室气体排放。

美国曾于 1998 年签署了《京都议定书》，但 2001 年 3 月，布什政府以“减少温室气体排放将会影响美国经济发展”和“发展中国家也应该承担减排和限排温室气体的义务”为借口，宣布拒绝遵守《京都议定书》。2011 年 12 月，加拿大宣布退出《京都议定书》，成为继美国之后第二个签署后又退出的国家。

哥本哈根会议，曾被喻为“拯救人类的最后一次机会”，因为如果《哥本哈根协议》不能在其缔约方会议上达成共识并获得通过，那么在 2012 年《京都议定书》第一承诺书到期之后，全球将没有一个共同文件来约束温室气体的排放，这也意味着人类遏制全球变暖的行动将遭遇巨大挫折。遗憾的是哥本哈根气候峰会最终并未能出台一份具有法律约束力的协议文本。

2014 年 12 月，联合国气候大会在秘鲁首都利马召开。经过 30 多个小时的"加时赛"，《联合国气候变化框架公约》第 20 次缔约方大会暨《京都议定书》第 10 次缔约方大会宣告闭幕。此次会议形成了德班平台决议草案《采取气候行动利马呼吁》。这个决议基本满足了发展中国家的一些要求。其中，最重要的"共同但带有区别的责任"原则被写入决议。

2015 年 12 月，巴黎气候变化大会在法国首都巴黎召开。经过 12 天的紧急磋商，参加大会的代表们通过了一份旨在限制温室气体排放的国际协议《巴黎协议》。

可持续发展是人类社会的共同利益，节能减排和绿色发展是可持续发展的内在需求。气候谈判的唯一出路是合作共赢。

实例分析

海明威在短篇小说《乞力马扎罗的雪》中用寥寥数笔就勾勒出乞力马扎罗山的一种神奇意境："乞力马扎罗是一座海拔 19 710 英尺的常年积雪的高山，据说它是非洲最高的一座山。西高峰叫马塞人的'鄂阿奇—鄂阿伊'，即上帝的庙殿。"

乞力马扎罗山紧靠赤道，赤道上烈日炎炎，而乞力马扎罗山的山顶上却白雪皑皑。

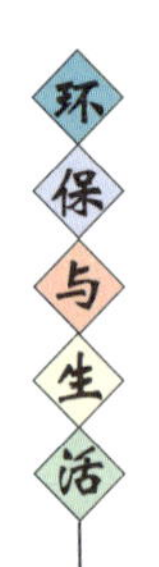

图 2–5　乞力马扎罗山的冰川消融前

图 2–6　乞力马扎罗山的冰川消融后

乞力马扎罗山上的冰川已存在万年之久。20 世纪以前，云层以上的山峰皆为坚固冰川和皑皑白雪覆盖，如图 2–5 所示。进入 20 世纪之后，冰川开始消融。1912—1915 年，冰川每年消融 1%；1989—2007 年，冰川以每年 2.5% 的速度消融；到 2012 年，乞力马扎罗山的冰川已消失了 85% 以上，只剩下稀薄的一层，山顶的黑色岩石裸露了出来，如图 2–6 所示。环境学家预测，按照目前趋势，乞力马扎罗山的冰川将在 2030 年前完全消失。赤道上的这一奇观将不复存在。

不仅乞力马扎罗山，从阿尔卑斯山到喜马拉雅山，都在发生着类似的故事。有研究显示，自 2000 年以来，阿尔卑斯山冰河面积以每年 40 平方千米的速度消融。另有研究人员称，珠穆朗玛峰地区的冰川在过去的 50 年里消融了 13%，雪线上升了 180 米。

分析：乞力马扎罗山在发生怎样的变化？为什么？

思考讨论

温室气体排放正在加速

2014 年 4 月 13 日，联合国政府间气候变化专门委员会（IPCC）在德国柏林发布报告称，全球温室气体排放正在加速，2000—2010 年，人为温室气体排放量平均每年增加 2.2%，而此前 30 年的年均增长率为 1.3%。

报告认为，如果各国继续保持目前的发展趋势而不采取措施的话，到 2100 年，全球平均温度将比工业革命前上升 3.7 ~ 4.8℃，将远高于此前国际上设定的 2℃的增长上限。尽管如此，2℃的控制目标仍然可以实现，但必须要做到：到 2050 年，全球温室气体排放降低 40% ~ 70%；

到 2100 年，温室气体排放接近于 0。报告认为，造成气候变化的主要原因仍然是能源生产。

（1）查询开封市 2016 年春、夏、秋、冬四季的平均温度，如果气温升高 4℃，环境将发生什么变化？

（2）为了还地球一件“清凉的外衣”，有什么具体可行的方法？

实践活动

(1) 分两个项目研究小组，第一组研究全球气候变暖对人类产生的影响，第二组研究人类活动对气候的影响。

(2) 第一组通过查阅资料和阅读案例，思考气候对人类活动的影响。积极寻找全球气候变暖的原因，并提出有效控制的方法。

(3) 第二组从探讨城市“热岛效应”入手，分析人类活动对气候的影响。

人类活动对气候的影响

城市“热岛效应”调查

人类活动对气候的影响，在城市气候中表现最为突出。城市人口密集，高楼密集，道路密集，工厂、汽车、空调以及家庭、饭店的炉灶等大量消耗能源，除造成大气污染外，还释放出废热进入大气，使城市年平均气温比郊区高 1 ~ 2℃，甚至更多，我们称其为城市热岛效应。

请同学们把调查结果填到表中，展示给大家。

（1）用温度计测量你家周围环境的温度，测量同一时间段不同地点的温度值，填写表 2-2。

表 2-2　你家周围环境温度

地点	家里客厅	户外草坪	水泥地面	柏油马路
温度				

（2）表 2-3 列出了全球变暖的部分原因，你认为还有哪些原因，请填在空格中。

表 2-3　全球变暖原因

汽车尾气	燃烧含硫煤	核爆炸	吸烟
焚烧树叶	工厂排放废气	天然气燃烧	家庭炒菜、做饭

（3）公布你的答案，把你认为全球变暖主要的原因放在前面，相对次要的原因放在后面。

（4）对全班答案进行统计，看看哪些是大家公认的全球变暖的最主要原因。

第 3 课 保护“地球之肾”

图 3-1 开封柳园口湿地省级自然保护区

开封柳园口湿地省级自然保护区（图 3-1）为湿地生态及鸟类类型自然保护区，总面积 16 148 公顷。保护区位于河南东部，开封市北 10 千米，地处暖温带，主要生态环境为河流、滩涂湿地，是亚洲候鸟迁徙的中线，每年都有大量水禽在此越冬或中途停歇。

像这样濒临江河湖海的地带，长期受浸泡而形成的滩涂、沼泽、湿草甸、泥炭地、红树林以及潮落时水深不超过 6 米的海域都是湿地。湿地是地球上具有多种独特功能的生态系统，被称为大自然的肾，让我们一起去探寻“肾”的意义吧。

知识链接

湿地被人们称为“地球之肾”，湿地覆盖地球表面仅为 6%，却为地球上 20% 的已知物种提供了生存环境，湿地也给人类和陆地上的其他动物提供了源源不断的物质能源。

湿地有哪些类型？

我国湿地系统的分级分类如表 3–1 所示。

表 3–1　中国湿地系统的分级分类

<table>
<tr><th>1 级</th><th>2 级</th><th>3 级</th></tr>
<tr><td rowspan="12">自然湿地</td><td rowspan="4">近海与海岸湿地</td><td>浅海</td></tr>
<tr><td>滩涂</td></tr>
<tr><td>河口</td></tr>
<tr><td>海岸性湖泊</td></tr>
<tr><td rowspan="2">河流湿地</td><td>永久性河流</td></tr>
<tr><td>季节性河流</td></tr>
<tr><td rowspan="2">湖泊湿地</td><td>永久性湖泊</td></tr>
<tr><td>季节性湖泊</td></tr>
<tr><td rowspan="3">沼泽湿地</td><td>淡水沼泽</td></tr>
<tr><td>咸水沼泽</td></tr>
<tr><td>泉水补给沼泽</td></tr>
<tr><td rowspan="5">人工湿地</td><td colspan="2">水利用途湿地</td></tr>
<tr><td colspan="2">水产养殖湿地</td></tr>
<tr><td colspan="2">农业用途湿地</td></tr>
<tr><td colspan="2">矿业开采湿地</td></tr>
<tr><td colspan="2">城市用途湿地</td></tr>
</table>

湿地的类型有很多，如图 3–2 所示。根据我国湿地资源的现状以及《关于特别是作为水禽栖息地的国际重要湿地公约》（简称《湿地公约》）中湿地的分类系统，我国的湿地共分为沼泽湿地、湖泊湿地、河流湿地、近海与海岸湿地、人工湿地五大类。

图 3–2 湿地的主要类型示意图

1. 沼泽湿地

沼泽可以是宽阔、平缓地区或高山环绕中的一块小盆地，经常出现在池塘、湖泊或河流边缘，也可以是开阔潮湿的草地。它分为内地淡水沼泽和沿海沼泽两种。如我国黑龙江扎龙湿地（图 3–3）就属于沼泽。内地沼泽的水来自河流或直接来自雨雪，沿海沼泽的水来自周期性潮水带来的海水，这两种沼泽都分别生长有适应淡水和海水的植物。

沼泽里的植物很有特色，它们的根总是在水下，它们的茎和叶子从水中钻出来寻找阳光和空气，无边无际的芦苇荡就是这样。我国沼泽分布以东北三江平原、大兴安岭、小兴安岭、长白山地和西部的四川若尔盖和青藏高原为主，各地河漫滩、湖滨、海滨一带也有沼泽发育，山地多木本沼泽，平原则草本沼泽居多。

图 3–3 黑龙江扎龙湿地

2. 河口湿地

河口是淡水和海水交汇的地方，河口湿地分布广泛。图 3–4 所示的黑龙江呼兰河口湿地就属于河口湿地。湿地会随季节的更替发生自然的变化。山上的冰雪在春天消融，融化的水抬高河流的水位，给下游带来季节性的洪水，水流沿着河道奔腾到河口，使低地河水泛滥。融化水携带着养分（水中天然化学物质），滋养着生长在这些地方的植物。植物为很多各种各样的小型动物提供食物，这些小型动物又是鱼类、兽类和鸟类的食物。随着春季冰雪融化，水流到下游后，河流的水位会降得很低，特别是在夏末，生活在河谷里的动植物必须能耐受几个月的干旱。秋天的雨季开始后，河流的水位上升，淹没低地，直到冬季来临。

图 3–4　黑龙江呼兰河口湿地

3. 湖泊湿地

湖泊湿地指湖泊岸边或浅湖发生沼泽化过程而形成的湿地。湖泊湿地还包括湖泊水体本身。湖泊湿地具有调蓄洪水、保护生物多样性等生态价值和调节气候、供水（蓄水）、水产业、航运等经济价值。根据全国湿地资源调查，我国现有大于 1.0 平方千米的天然湖泊总面积为 835.15 平方千米，占全国陆地面积的 0.87%。这些湖泊各具特色，有的深居高山，雪山环抱，湖光山色交相辉映；有的静卧平原，烟波浩渺，水天一色，就像一颗颗璀璨的明珠，充满生机和灵气地散落在华夏大地之上，给大自然增添了无限风采，给人们带来许多美的享受。

图 3–5　鄱阳湖湿地

4. 滨海湿地

滨海湿地是湿地的一种，指沿海区域以及湿地范围的岛屿和低潮时水深不超过 6 米的水域。它包括河口、滩涂、盐沼、海湾、海峡、红树林与珊瑚礁等，是介于海洋与陆地之间的一种特殊的生态系统，拥有多种多样的生态种类。

中国有滨海湿地 594.17 万公顷，主要分布于沿海的 11 个省区和港澳台地区。海域沿岸有 1 500 多条大中河流入海，形成浅海滩涂生态系统、河口生态系统、海岸湿地生态系统、红树林生态系统、珊瑚礁生态系统、海岛生态系统等 6 大类。广东、广西、海南 3 省区的红树林面积占全国的 97.7%。

图 3–6　深圳湾红树林湿地

5. 人工湿地

人工湿地是由人工建造和控制运行的与沼泽地类似的地面，将污水、污泥有控制地投配到经人工建造的湿地上，污水与污泥在沿一定方向流动的过程中，主要利用土壤、人工介质、植物、微生物的物理、化学、生物三重协同作用，对污水、污泥进行处理的一种技术。其作用机理包括吸附、滞留、过滤、氧化还原、沉淀、微生物分解、转化、植物遮蔽、残留物积累、蒸腾水分和养分吸收等作用。

图 3-7　湖北十堰黄龙人工湿地

湿地的功能有哪些？

1. 蓄水功能

湿地就像一块大海绵，可以储存多余的水分，在洪水泛滥的季节减轻下游防洪的压力，保护人们的生命财产安全；在干旱的季节，又能够释放出水分，维持河流的水位。

2. 净化水质

在湿地里生长着许多植物，水从这里经过，垃圾、有毒物质会被吸收，因此湿地能够起到净化水质的作用，所以湿地又被称为“地球之肾”。

3. 影响气候

湿地的泥炭层可以吸收大量的二氧化碳，降低温室效应，减缓全球气候变暖。

4. 给野生动物提供栖息地

由于湿地植物繁茂，为野生动物提供了大量食物和隐蔽场所，自然就成了各种生物繁衍、生息的最佳地带，所以人们常说湿地是“物种基因库”。

我国湿地的现状

2014年1月，第二次全国湿地资源调查结果公布，我国湿地总面积5 360.26万公顷，与10年前第一次调查结果相比，湿地面积减少了339.63万公顷。有五大因素威胁湿地生存，分别是污染、围垦、基础设施建设占用、过度捕捞和采集、外来物种入侵。其中，围垦和基础设施建设占用是湿地面积大幅度减少的主要原因。调查结果显示，我国湿地资源保护与发展面临着湿地生物多样性有所缩减、湿地保护政策空缺大等问题。图3–8中，左图是曾经的三江湿地，右图是2010年的三江湿地，可以看到湿地退化严重。20世纪50年代以来，全国湿地开垦面积达1 000万公顷。长江三角洲、珠江三角洲以及江淮平原、成都平原的大量水稻田变成了城市、高速公路；东北大量的湿地被开垦，变成了耕地。除了污染、围垦等主要直接原因外，湿地破坏的主要间接原因是人口增长和经济发展过快，更为根本性的原因是湿地保护缺乏立法和制度上的保障。

图 3–8　三江湿地昔今对比

实例分析

太湖湿地公园

随着我国生态旅游热潮的兴起，目前我国已建和拟建的湿地公园有多处。湿地公园是具有湿地保护与利用、科普教育、湿地研究、生态观光、休闲娱乐等多种功能的社会公益性生态公园。湿地公园的最大特点在于主题性、自然性和生态性。苏州太湖国家湿地公园（图 3–9）是一项太湖综合治理的清淤工程，在太湖沿岸纵深 200 米范围的湖面进行高低错落的地形改造，种上各类水生植物，营造野生物种栖息、衍生的自然环境，是长江三角洲地区最大的湿地生态特色景观。截至 2012 年，太湖国家湿地公园内共有珍稀濒危植物 24 种，国家二级保护鸟类 16 种，苏州地区重点保护野生动物 63 种，真正成为人与自然和谐相处之地。太湖国家湿地公园通过不断完善与发展，不仅发展成为城市的绿“肾”，也逐步成为具有苏州特色的旅游胜地。

图 3–9　苏州太湖国家湿地公园

阅读以上材料，讨论湿地公园的主题性、自然性和生态性在太湖国家湿地公园设计中是如何体现的。可以进一步上网搜集更加详细的资料，为你的结论提供更多的支持。

思考讨论

湿地的美称

湿地与森林、海洋并称为全球三大生态系统，而湿地是价值最高的生态系统。1 公顷湿地生态系统每年创造的价值高达 1.4 万美元，是热带雨林的 7 倍、农田生态系统的 160 倍。湿地生态价值远远高于其产出价值。

进一步了解湿地功能，请根据湿地的不同作用给湿地以不同的美称，填写表 3–2，交流评比谁给的美称最确切。

表 3–2　湿地的美称及作用

湿地的美称	湿地的作用
资源的宝库	生产粮食、药材、工业原料、农副产品等
	保护生物多样性
	调节气候，美化环境
	涵养水源，调洪蓄水
	净化水中污染物质
	众多鸟类的栖息地

实践活动

绘制湿地地图

通过实地考察一块湿地或上网查阅该湿地有关资料，画出该湿地地图。（用品准备：绘画纸、画板、尺子、铅笔、彩笔、地图等）

（1）绘制一张湿地地图，注明图例和比例尺。

（2）标示出生长于该湿地中的植物和动物。

(3) 在地图中标示人类活动信息，如野餐、采集鸟蛋和野果、乱扔垃圾、驾驶汽车、观鸟捕鸟等等。思考：这些活动恰当吗？哪些活动应该被禁止？哪些应该被提倡？

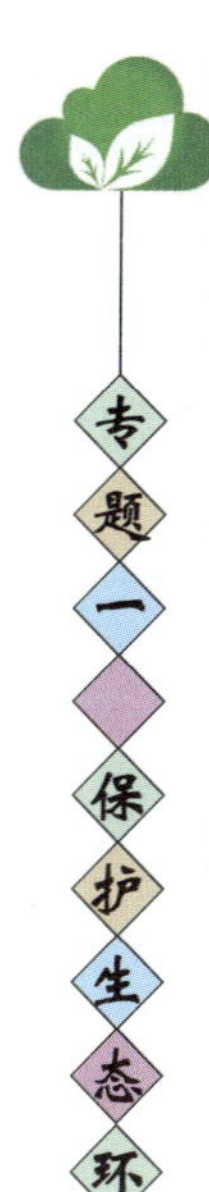

带上望远镜，到湿地观鸟去

每当朝阳初现或夕阳西下，芦苇和草地上小白鹭、灰鹤、天鹅、大雁腾空飞翔。如此胜景，怎不令人心驰神往？

湿地观鸟是一项充满乐趣的户外休闲活动，通过野外观鸟，培养与鸟类的感情，感受“劝君莫打三春鸟，子在巢中望母归”的含义，唤醒对自然生态的保护意识。湿地保护好了，人和鸟才能和谐相处。

（1）观鸟规则：只能远观，不可近看，更不能大声喧哗；不给野生鸟类喂食或放生进口鸟类；不能使用不当的方法如放录音、丢石块等引其现身；不要在鸟类栖息地采摘野果、捡拾底栖小动物等；拍摄野生鸟类不用闪光灯；不穿戴鲜艳的衣服、饰品。

（2）观鸟准备：笔和笔记本、鸟类图谱、望远镜、照相机（配长焦距镜头）、雨具、胶鞋、长衣长裤、防蚊虫叮咬的药水等。

（3）观鸟记录：可以设计一张表格，记录中包括编号、观察地点、观察日期、记录者、观测者、天气描述、观测装备、环境和路线、鸟种记录（观察到多少种、每种多少只）等项目。

（4）开封湿地观鸟好去处：开封柳园口湿地省级自然保护区是亚洲候鸟迁徙的中线。据保护站观察，这里有野鸭、大鸨鸟、白鹨雁、大天鹅、黑鹳等。

第 4 课　珍惜“生命之源”

“青海长云暗雪山，孤城遥望玉门关。黄沙百战穿金甲，不破楼兰终不还。”从王昌龄的《从军行》中我们仿佛可以听到楼兰古国金戈铁马的杀伐之声。然而，这个显赫的古国，竟一下子神秘地消失了。

据考古学家考证，古楼兰城气候湿润、植物繁茂。汉魏时期的罗布泊就在古楼兰附近，罗布泊湖水孕育了楼兰城的文明。后来由于不重视环境保护，致使绿树遭伐、红柳无存、湖泊干涸、河流改道、沙漠紧逼，楼兰城水源枯竭，居民弃城别走，寻找新的水源，楼兰古城也随之逐渐被湮灭。如图 4–1 所示。

图 4–1　楼兰古城遗址

知识链接

一、宝贵的水资源

水是地球上最常见的物质之一，是一种宝贵的自然资源。水覆盖了地球71%以上的表面。水在生命演化中起到重要作用，它是包括人类在内所有生命生存的重要资源，也是生物体最重要的组成部分。

虽然地球上水的总量很大，但是供人类使用的淡水却很少。四大洋集中了地球上96.5%的水量，陆地上的水只占3.5%，而其中1/3是咸水，所以地球上的淡水只占全球水总量的2.5%。地球上淡水量约有70%是以冰雪的形式集中在南北极和高山之巅，将近23%又是目前难以开发利用的深层地下水。因此，与人类生活最密切相关的淡水资源（湖泊、河流和浅层地下水）只占地球上淡水总储量的极少部分。

21世纪将是“争水的世纪”。20世纪初，国际上就有“19世纪争煤、20世纪争石油、21世纪争水”的说法，联合国不止一次发出警告，除非各国采取有力措施，否则到2025年，世界上将有近1/3的人口无法获得安全的饮用水。第四十七届联合国大会将每年的3月22日定为“世界水日”，号召世界各国对全球普遍存在的淡水资源紧缺问题保持高度警觉。

二、水资源的短缺

随着工农业生产的发展，用水量迅速增加，淡水资源日趋紧张，目前世界上缺水国家已超过100个。同时由于人类活动使部分水源遭到污染，使可用水量减少，这更加剧了水资源的短缺。

在过去50年中，由水引发的冲突共507起，其中37起是跨国境的暴力纷争，21起演变为军事冲突；因水而起的用水条约共签署了200个。

水难民现在有多少？

伴随着流域水资源危机而出现的“水难民”在1998年达到2 500万人，第一次超过“战争难民”的人数。据预计，2025年之前，因为水的原因而成为难民者将多达1亿。

世界上许多国家都在努力寻找解决水资源短缺问题的方法。

在我国，为了改变水资源地区分布不平衡的状况，国家兴建了一批跨流域调水工程,如“引黄济青”“南水北调”等。为调节河流水量的季节变化，我国修建水库8万多座，对调节河流水量、灌溉农田、减轻洪涝灾害起到了重大作用。

三、农业节水

农业是我国国民经济的基础。我国年农业用水量约3 900亿立方米，占全社会用水量的70% ~ 80%，而农业灌溉效率仅45%，所以农业节水是全社会节水的重中之重。

喷灌和微灌是重要的农业节水技术。

1. 喷灌

喷灌（图4-2）是利用喷头等专用设备将有压水喷洒到空中，形成水滴落到地面和作物表面的灌水方法。喷灌可以控制喷水量和均匀性，避免产生地面径流和深层渗漏损失，使水的利用率大为提高，一般比地面灌溉节省水量30% ~ 50%。

图 4–2　喷灌

2. 微灌

微灌是利用微灌设备组装成微灌系统，将有压水输送、分配到田间，通过灌水器以微小的流量湿润作物根部附近土壤的一种灌水技术。微灌主要有滴灌（图 4–3）、微喷灌（图 4–4）、小管出流（图 4–5）、渗灌（图 4–6）等形式。

图 4–3　滴灌

图 4–4　微喷灌

图 4–5　小管出流

图 4–6　渗灌

滴灌是将有压的水过滤后，用一种专门的滴灌设备和滴水器，将水一滴一滴地、均匀而缓慢地滴入植物根部附近的土壤里，使植物吸收。滴灌几乎没有蒸发丧失和深层渗漏，在各种地形和泥土条件下都可以使用。实验结果表明，滴灌比喷灌节水33.3%，与大水漫灌相比，通常可增产20% ~ 30%。但由于出水孔容易发生堵塞，对灌溉水一定要进行过滤和处理。

微喷灌是利用直接安装在毛管上或与毛管连接的微喷头将有压水以喷洒状湿润土壤。微喷头有固定式和旋转式两种。

小管出流是利用小塑料管与毛管连接作为灌水器，以细流（或射流）状局部湿润作物附近的土壤。

渗灌是一种地下节水灌溉方法，与其他灌溉方式不同，它是通过地下埋设特殊的塑料管进行灌溉。这种塑料管叫作渗水管，根据农民们的各种需要，在渗水管上每隔一段长度开些小孔，当管内充满水的时候，水就会像出汗一样从小孔中一点点渗出。由于能减少土壤表面蒸发，从技术上来讲，渗灌是用水量很少的一种微灌技术，渗灌管常埋于地下，由于作物根系有向水性，使用起来渗灌管常遭受堵塞问题困扰。

四、工业节水

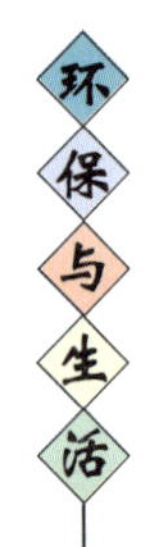

我国经济正处于快速增长期，工业用水量和工业废水排放量大幅增长。目前，工业用水量占全国用水量的1/4左右。工业用水主要集中在石油化工、造纸、电力、纺织、冶金等高耗水行业。2012年，工业排放的废水量为221.6亿吨，占废水排放总量的32.3%。水资源供需矛盾突出。要解决这个问题，关键是要加强水资源的节约、保护和科学利用，努力提高水的利用效率。

近年来，在工业节水方面，我国已取得了一定的成绩。全国工业用水重复利用率已由2005年的75.1%上升到2010年的85.7%。2005年，我国

万元工业增加值用水量为169立方米，到2012年已降至76立方米。但这个数字与美国的8立方米、日本6立方米相比仍有很大差距。

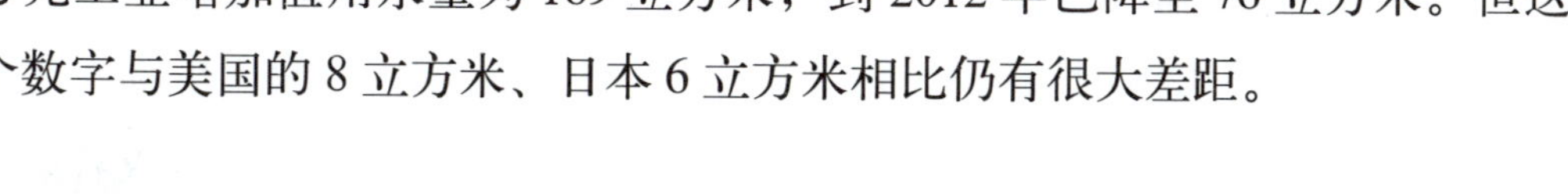

根据工业生产的特点，工业节水的切入点大致可以分为三类。

第一类，改变生产用水的方式，提高水的循环利用率，即“系统节水”。

第二类，减少水的损失，或利用海水资源、大气冷冻及人工制冷等，减少淡水或冷却水的用量，提高用水效率，即“管理节水”。

第三类，从清洁生产入手，改用先进的生产技术，采用少水或无水的生产技术，科学规划，对工业进行合理布局。

青岛啤酒股份有限公司节水见成效

青岛啤酒股份有限公司一直是用水大户。该企业持续进行节水技术改造，如今每千升啤酒耗水量降至4吨以下，而2005年每千升啤酒耗水量为8吨。

在将麦芽和大米变成含糖分的麦芽汁环节，所用的回旋沉淀槽设备进行清洗时耗水量很大，经过技术改造，每次清洗能节水6吨，每天10批次冲洗可节水60吨，全年节水18 000吨。

青岛啤酒股份有限公司建污水处理站，每天产中水3 000吨，符合绿化用水标准。处理后的中水氨基酸含量比普通自来水高，对植物生长更有益，可用于绿地灌溉。

五、水污染的治理

水污染，即水体因某种物质的介入而导致其化学、物理、生物或者放射性等方面特征的改变，从而影响水的有效利用，危害人体健康或者破坏生态环境，造成水质恶化的现象。

水污染物的来源

（1）工业废水。废水中有毒有害物质成分复杂，是水污染的主要原因。

（2）农田排水。化肥、农药随农田排水、地表径流注入水体。

（3）生活污水。成分复杂，以耗氧有机物最多。

（4）城市垃圾和工业废渣。垃圾和废渣倾入水中或堆积在水域附近，经水的溶解或浸渍，有害物质进入水中。

（5）大气。大气中污染物直接降落或溶于雨雪后进入水体。

（6）天然污染物。火山爆发和特殊地层会使某些有毒物质进入水体。

世界卫生组织调查显示，全世界 80% 的疾病与饮用被污染的不洁净水有关，50% 的儿童死亡是由于饮用被污染水造成的，因此，水污染被称作“世界头号杀手”。

我国七大江河水系都受到不同程度的污染，甚至有半数河段受到严重污染。50% 以上城镇的水源不符合饮用水标准，南方城市总缺水量的 60% ~ 70% 是由于水源被污染造成的。水污染使水资源的紧缺雪上加霜。

在开封的湖泊中，除黑池、柳池作为水源地受到保护而没有污废水排入外，其余大部分水域均受到不同程度污染，地下水也受到不同程度污染，水资源状况不容乐观。

污水处理的方法有很多，一般可归纳为物理法、生物法和化学法。每种方法都有其特点和适用条件，而废水中污染物的组成相当复杂，往往需要几种方法配合使用。要尽可能用分离法、转化法处理污水、废水，既可变废为宝、回收有用物质，又可循环使用。尽管目前处理污水的技术日趋

成熟，但投入的成本极其高昂，还存在处理过程中的二次污染现象。最重要的是，无论如何治理，想完全恢复到原来的水质几乎是不可能的。因此，我们要提倡从源头预防水污染。

工农业生产和人民生活都要树立循环用水的理念。大力推广清洁生产，有效控制水资源的消耗和污染排放，并以先进的技术、设备和工艺加强对水资源的循环利用。建设节水农业，合理使用农药、化肥。减少生活污水的排放，注意节约用水和科学选取洗涤剂等。这样，既节约了大量水资源，又大大减少了废水量。

为防止水污染，保障人民的生命安全，保护生态环境的平衡，我国政府制定了向自然水源排放废水的允许标准。凡超过排放标准的废水，必须先进行处理，达到规定标准后，才允许排放。在我国，水的污染防治已被纳入法制轨道。

再生资源——中水

中水是一种重要的再生资源。主要是指城市污水或生活污水经处理后达到一定的水质标准，回用充当地面清洁、浇灌、冲洗汽车、冲洗便器、消防、冷却等不与人体直接接触的用水。

德国城市雨水处理有讲究

德国的马路旁常能看见长满绿草的浅沟，这可不光是为了美观，浅沟下面其实用石、沙、土埋了好几层，据专家介绍，它们是用来留存、过滤雨水的。

德国并不缺水，年均降雨量达580毫米。但雨水冲刷机动车路面后，易被油污、橡胶、金属或防冻剂等污染，因此，不能任其直接渗入地下。浅沟不仅解决了这些问题，还可在降暴雨时缓解管道压力。类似的滤水沟或地下水库在柏林有100多处，可同时储存雨水90万立方米。此外，柏林还在交通繁忙地段和工业区附近建了4个“人工池塘”，用沙石和芦苇过滤雨水。在雨水容易受污染的路段，下水道的井盖下都装有“篦子”，预先拦截杂物，过滤雨水。

柏林在德国较早地实行了“雨水费”制度，直接向下水道排放雨水的居民和企业必须缴纳费用，采取雨水处理措施的用户可获得减免优惠。开发商建造绿色屋顶，以滞蓄雨水并且增加空气湿度、降低城市温室效应；不适合建绿色屋顶的建筑，将雨水储存到地下水库，这些雨水一半被用来冲刷公用厕所和灌溉植物，另一半则被抽到广场旁边的人工湿地，形成城市景观。

多渠道开发利用非传统水资源，是近年来世界各国普遍采用的可持续的水资源利用模式。以雨水为例，我国很多城市都面临着平常缺水和暴雨水灾的矛盾和双重压力。参考德国城市雨水处理方法，思考一下：在缓解城市用水紧张、减轻暴雨灾害方面，国外的经验有哪些可以供我们借鉴？

开封深层地下水严重超采

开封深层地下水资源较为丰富，埋藏深度在300～1 600米，水温一般在26～68℃，水中含有锶、偏硅酸等对人体有益的微量元素，水质优良，达到国家规定饮用天然矿泉水标准。然而深层地下水埋藏深，周转慢，补给困难，不适合大量开采。

但是，一些单位强行开发深层地下水，部分严重超采区地下水位平均

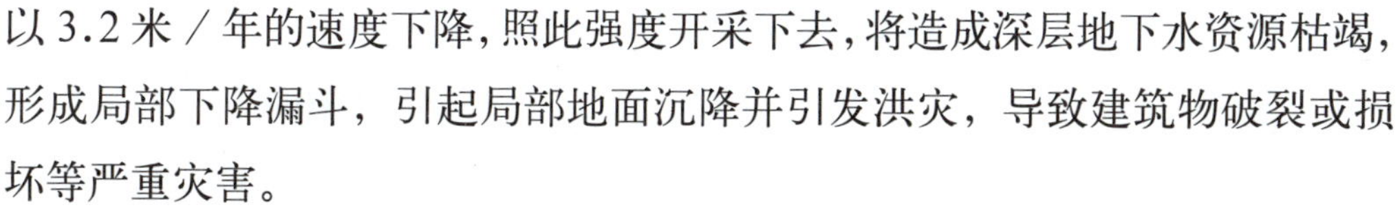

以 3.2 米／年的速度下降，照此强度开采下去，将造成深层地下水资源枯竭，形成局部下降漏斗，引起局部地面沉降并引发洪灾，导致建筑物破裂或损坏等严重灾害。

（1）开封市内都存在哪些浪费深层地下水的现象？

（2）深层地下水遭到严重超采会带来哪些危害？

（3）政府、企业、家庭应该怎样做才能保护开封的优质深层地下水资源？

家庭节水

1. 归类总结家庭用水可以分为哪几大项？哪些项目用水量较大？
2. 参考下列资料，进行“一水多用”的讨论。

美国曾经公布一份纽约家庭节水的详细资料：洗手时，水长流用水量是 8 升，在盆中洗时用水量是 4 升；淋浴时，水长流用水量是 95 升，冲湿后关掉水龙头搓洗，再打开水龙头冲洗，用水量是 33 升。

可见，改变用水习惯对于节水非常重要。要达到节水的目的，不妨采取：

A. 用盆洗脸、洗手、洗脚。

B. 一水多用。将洗衣、洗菜等污水收集起来，用来冲厕、拖地等，一个三口之家每月可节约 1 吨水。

C. 科学使用洗衣机。洗衣物时，水位不要定太高；将漂洗水留作下一批衣服洗涤用水。少量衣物手洗。

D. 清洗油污多的餐具，用纸擦干净再洗，节约水和洗涤剂。

（1）分组交流家里“一水多用”的情况，记录下来，填写表 4-1。

表 4-1 家庭“一水多用”情况

一水	多用	节约用水（升）
洗菜水	冲厕或浇花	
淘米水	洗碗或浇花	
洗衣水	拖地板或冲厕	
洗脸水	冲厕	
其他		

(2) 分析：你家里还有哪些水可以“多用”？

(3) 讨论：“一水多用”，一天可为家庭节约多少用水？

实践活动

校园节水

1. 将学生分为 4 个实地调查组：

第一组，去总务处咨询学校整体的用水情况。

第二组，去水房、厕所、办公室等处观察记录学生、老师的用水情况及存在的浪费问题。

第三组，在花园、食堂等处观察记录学生、老师的用水情况及存在的浪费问题。

第四组，咨询学校是否有节水设施，是否使用中水，如使用中水，其情况如何。

2. 根据课前调查数据，以调查报告、照片、演示文稿、倡议书、录像等形式为自己校园的节水献计献策。

(1) 总结学校用水易出现的浪费点。

学生用水方面：______________________________

学校管理方面：______________________________

食堂用水方面：______________________________

校园清洁、绿化方面：______________________________

其他方面：______________________________

(2) 提出学校节水对策。

学生用水方面：______________________________

学校管理方面：________________

食堂用水方面：________________

校园清洁、绿化方面：________________

其他方面：________________

开封河流、湖泊水质调查

开封市位于黄河南岸、淮河上游，河流湖泊众多，如图 4−7 所示，有“北方水城”的美誉。然而，随着经济的发展，部分河流、湖泊受污染严重。

（1）问问你的祖父母和父母，他们记忆中的河流、湖泊是什么样子的。

（2）拿起手机、相机，以文字、图片、视频等形式，呈现河流的变化，或提供河流污染的线索，和大家一起交流开封河流的情况。

（3）如图 4−7 所示，开封各水域的水质差别很大，请调查开封河流、湖泊的水质情况，分析开封部分河流、湖泊水污染的原因。

美丽的汴西湖

开封的“水缸”——黑池水库

开封御河

开封包公湖

开封被污染的东护城河

开封亟待治理的惠济河

图 4−7　开封的河流和湖泊

（1）水质监测实验。

实验步骤：

A. 在多个烧杯中分别倒入来自不同水域的水各100毫升，并观察其颜色与透明度。

B. 将烧杯用力摇晃，注意避免液体溢出。用轻轻挥动手掌的方式起风，并闻一闻气味。（水中的微生物或重金属含量越高，则颜色越浑浊，并且带有一股腐败的味道。）

C. 将烧杯中的水分别倒入试管约1/3，接着以滴管将纳氏试剂各滴入1毫升，观察颜色的变化。（当纳氏试剂遇到氨水或氨离子时，会呈现黄棕色。）

D. 将烧杯中的水分别倒入试管约1/3，接着以滴管将亚甲蓝溶液各滴入2滴，观察颜色的变化。（水中含氧量越高代表对人体健康越有益，干净的水会使亚甲蓝溶液所带的蓝色加深；污水含有大量的消耗氧气的微生物，导致含氧量不足，所以会使溶剂原本的蓝色褪去。）

第 5 课　城市中隐藏着森林

造纸需要消耗大量木材，造纸排出的大量废水还会污染河流。再生纸是使用回收的废纸生产的，如图 5–1 所示。生产再生纸可以节约木材和造纸能源，减少垃圾和污染。我们要宣传废纸回收的好处，动员大家回收废纸，尽量使用再生纸。

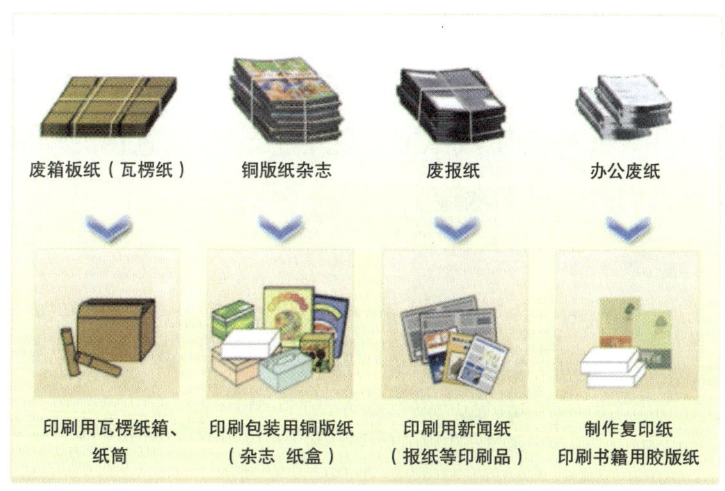

图 5–1　再生纸的生产

知识链接

一、什么是城市森林

目前，我国很多地方一方面不惜重金进口大量纸浆，另一方面把大量废纸当作垃圾扔掉。这使我们感到不可思议，同时也让我们感到惋惜。

制造 1 吨纸张，约需砍伐 20 棵树龄在 20 ~ 40 年的树。据估算，全世界每年有35%的商品木材用于造纸。2010年，我国用于造纸业的木材消耗量达9 100万立方米，位居木材总消耗量的首位。其实远离林海的现代城市，也蕴藏着丰富的“森林资源”，这就是废纸。

回收1吨废纸，可生产800千克新纸，相当于少砍伐17棵大树。如果把世界上所有纸张的一半加以回收利用，就有800万公顷的森林可以免遭砍伐。

越来越多的国家意识到废纸回收的重要性和其中巨大的“淘金机会”，因此，不断把废纸回收培育成一项产业，加以大力开发，努力创造环保与经济效益双赢。据统计，目前欧美国家的废纸回收率已达到了50%～60%，利用率已达70%～85%。因而，科学家常把城市里丢弃于垃圾中的各种废纸、废木纤维誉为“城市森林”。

二、再生纸小知识

1. 区分可回收再利用的纸

纸是用木材、芦苇和麦草等植物纤维制作而成的，纸张经过书写、印刷后，其纤维并没有发生本质性的改变，所以我们可以对废纸的植物纤维进行第二次利用，重新加工成纸张。随着人们环保意识的增强，再生纸制品越来越受到人们的认可和欢迎。

办公室就是再生纸工厂——再生纸制造机

2015年12月日本精工爱普生公司开发出一台小型再生纸制造机“PaperLab”(图5-2)。它能将用过的办公室纸张分解成纤维状，在不用水的情况下使其重新合成新的纸。

PaperLab制造的再生纸平滑洁白，色彩表现持久且鲜艳，适合企业和政府机关等打印重要简报文件、公文资料以及带有图片的资料、文稿等。将废纸放入机器并启动后，在3分钟之内就可获得第一张再生纸，随后每分钟可产生约14张A4纸。

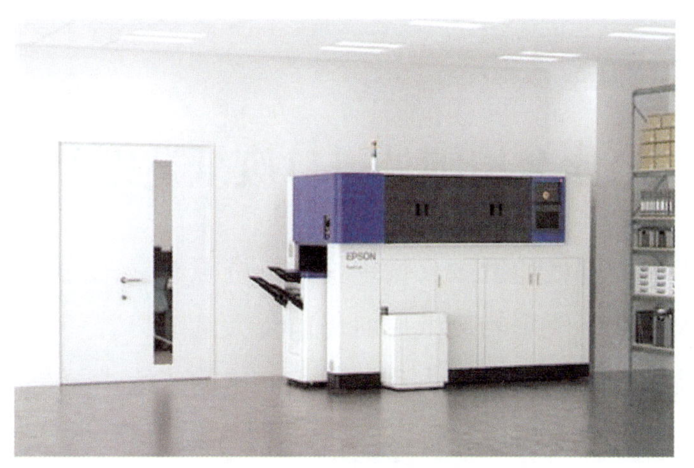

图 5-2　再生纸制造机

并非所有纸张都可以回收再造。表 5-1 中所列的是一些通常可以回收再利用的和不可以回收再利用的纸制品，但实际情况要根据造纸厂的需要而定。

表 5-1　常见的可回收再利用和不可回收再利用的纸制品

可回收再利用纸制品	不可回收再利用纸制品
· 办公室用公文纸，商业表格 · 柯式印刷纸，便条纸，影印纸 · 彩色纸，复印纸，计算机打印纸 · 商业名片，小册子，通信录 · 报纸，杂志 · 信封和文件袋	· 自动粘贴便条纸或粘有胶水、胶带的纸 · 胶片，幻灯机用透明胶片，相片 · 复写碳纸，晒图纸，玻璃纸 · 餐巾纸，厕纸，抹手纸 · 纸饭盒，纸杯，纸碟

2. 再生纸的认识误区

一些单位和市民认为再生纸不卫生，其实这种担心是多余的。因为生活废纸处理成本较高，技术要求也很高，国内再生纸的原料更多的是包装箱及办公废纸。厂家回收后，要将它们分类，以不同类别的废纸为原料，生产过程经历筛选、除尘、过滤、净化等 10 多道工序。所以就再生纸的质量及物理性质来看，足以用来替代普通办公用纸。

目前国际上最流行的是本色再生纸，因为加入荧光剂和增白剂之后，虽然纸会变白,但会污染环境。本色再生纸能保护“两球”——眼球和地球。

实例分析

为什么用国外进口废纸造纸?

我国每年消费过亿吨纸张，按理说废纸资源丰富，但却面临一个尴尬的现实：国内造纸厂使用的废纸原料仍需要大量进口。一家专门生产各类高档工业包装用纸的公司负责人称，他们使用的废纸主要是进口废纸，国内废纸比例只占 10% 左右。

国内纸回收分类是瓶颈，许多废纸没有充分分类，只能作为混合废纸降级使用，其价值没有得到充分体现。具体而言，废纸中含的原料成分是不一样的，当多种废纸混合后再制浆，只能按照其中性能最低的纤维来再次生产纸张，造成资源浪费。有些性质差距较大的废纸混在一起，可能会由于性能相反而无法利用。因此，分类也是废纸资源再利用的关键环节。完善的废纸分类指南是废纸分拣的重要依据，如美国将废纸分为 51 类，欧洲分为 5 组 57 种。我国废纸回收大部分地区只有旧报纸、书籍和纸箱 3 类。

（1）我国的用纸量和废纸产生量均很大，为什么我们还要从国外进口废纸？

（2）你认为解决我国废纸的回收再利用，需要做哪些努力？

（3）我们初中生在日常生活中能为废纸的回收再利用做些什么？

思考讨论

使用纸张和废纸回收有窍门

（1）大家共同讨论使用纸张和处理废纸的方式，例如：你是单面用纸还是双面用纸？你会利用纯白的新纸做草稿纸吗？等等。

（2）通过大家共同提出的问题，回忆自己使用纸张和处理废纸的方式。

（3）设计一份调查表，调查家人和朋友，看他们是如何使用纸张的，又是如何处理废纸的。

再生纸去哪里了？

仔细观察，我们周边有利用再生纸制作的物品吗？查阅资料，你知道再生纸可以做什么吗？搜集再生纸制成的物品，搜集再生纸用途的信息并制作成 PPT（演示文稿），将物品和信息展示给大家。

小提示：再生纸可用来生产家具、模制产品包装、日用品或者工艺专用品、再生纸试卷、再生纸书籍，生产土木建筑材料（制造隔热保温材料或复合材料等），生产园艺及农牧业产品（小花盆、燃料等）等。

制作再生纸

再生纸是以回收的废纸作为原料，将其打碎、去色、制浆后再通过高科技手段，经过多道复杂工序加工出来的纸张。其原料 80% 来源于回收的废纸，因而被誉为低能耗、轻污染的环保型用纸。城市废纸多种多样，厂家回收后，将它们分成 60 多类，以不同类别的废纸为原料再制成不同的再生复印纸、再生包装纸等。其中，最有回收价值的是书报杂志、复印纸、打印纸、明信片和练习本等用纸。图 5-3 所示为几种再生纸制品。

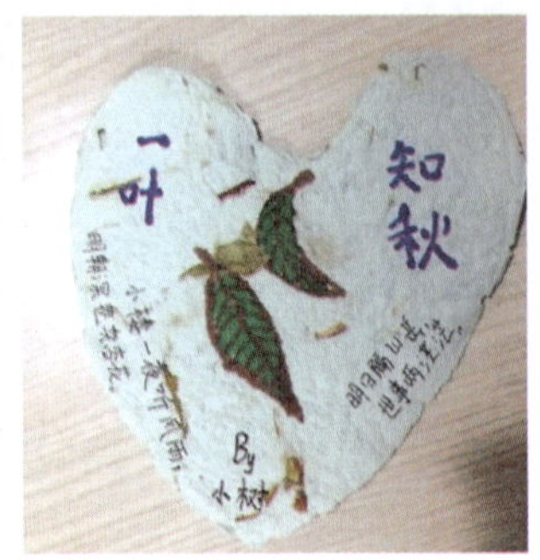

图 5–3　再生纸制品

现在我们就试着用废旧报纸制作再生纸，虽然规模很小，但和工厂的操作程序是差不多的。由此了解制造再生纸的过程，培养、增强可持续发展意识。

1. 制作工具

废纸，一个盘子，水，勺子，玉米淀粉，量杯，搅拌机（或打蛋器），一块铁丝网，蜡纸，擀面杖。

2. 制作步骤

（1）将剪碎的废纸放在盘子里。

（2）倒入适量的水，没过纸片浸泡，静置大约 15 分钟。

（3）往杯子里加入两勺水和两勺玉米淀粉并充分混合。

（4）把混合物和纸放在搅拌机里（或者使用打蛋器），搅拌 2~3 分钟。

（5）把铁丝网放在盘子上，把混合物倒在铁丝网上。

（6）用蜡纸覆盖混合物，用擀面杖擀一擀。

（7）揭开蜡纸。

（8）把做出来的纸晾上 2~3 天，使其干燥；然后，小心地把再生纸从铁丝网上揭下来。

3. 成果展示

（1）把再生纸作为书法、绘画练习用纸。

（2）用再生纸做成精美的书签、漂亮的贺卡。

第 6 课　生物除污本领强

21 世纪是生物技术带动人类发展的新时代，转基因、克隆、生物材料、生物芯片等技术名词频繁出现，人们已经将生物技术广泛应用于医疗、工业、农业等方面。

自然界中不少植物和微生物都能够将空气、水、土壤中的污染物转化成非污染物，从而净化环境。

在人们对环境质量日益重视的今天，生物技术还为环境保护提供了巨大的支持，科学家已经在治理某些环境问题时采取了生物除污法。深圳观澜河（图 6–1）就是一例。

图 6–1　观澜河

经过污水处理厂处理的污水再经过 3.5 万平方米的人工湿地的吸收，已经达到了地表三类水的标准，可直接流到观澜河里。水生植物除污是观澜河除“黑丑”的重要手段。

知识链接

生态系统中的每种生物在其生命活动过程中都要从周围环境中吸收水分和营养物质，又会不断向周围环境释放和排泄各种物质并释放能量。有些植物可以吸收土壤或水中的无机化合物（如氨、硝酸盐、磷酸盐等）和金属，还可以吸收空气中的苯、醛、烯等有机物。微生物是生态系统中的分解者，它们除了可以分解动植物残体外，还可以将一些化合物转化分解为自己需要的能量和其他简单成分。生物除污法主要是利用微生物、植物和动物来分解或吸收环境中的有害物质，从而达到净化的目的，是净化已被污染的水体、土壤和空气等的一项技术。

一、微生物除污法

无处不在的微生物，对有机化合物有强大的分解能力，是大自然的清洁工，被誉为“天然环境卫士”。许多微生物“以污染为食”，如碳水化合物类污染物、蛋白质类污染物和脂肪类污染物都能被微生物分解，成为它们生长的能量。于是，以微生物为载体制成的环保用微生物菌剂，被广泛用于治理污染，如用来分解污水和垃圾等。尤其在较小空间内，微生物除污法方便实用。在我国不少城市悄然出现的零排放公厕（图 6–2）应用的就是微生物消解净化法。

零排放公厕原理

粪便从便器先送到曝气池，在好氧环境下进行第一次氧化处理，处理后的活性污秽投入微生物反应槽。反应槽里，在空气和微生物作用下，只剩下水和二氧化碳气体。水进行脱色和杀菌后，彻底净化，再次用来冲洗便池，使水循环利用。处理过程中没有排放废物残渣，没有刺鼻气味，粪便中的寄生虫和病菌被微生物分解杀死，做到完全无害化。

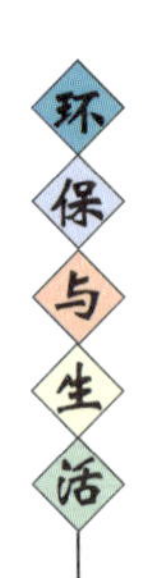

图 6–2　零排放公厕

原油、农药等的泄漏是很严重的问题，往往造成大面积水源或土壤的污染，采用一般的除污方法几乎不可能消除污染。现在，科学家已经可以利用微生物的新陈代谢活动来降低污染物的浓度了，甚至可以完全消除污染。

我国科研人员历时 10 年研究，利用廉价的农业废弃物秸秆和生物技术，规模化生产出一种生物水处理剂。这一技术破解了水处理领域的世界难题。利用低成本生物方法把大量工业废水、生活污水甚至泥浆水处理成净水。

二、植物除污法

有些植物具有从环境中吸收和结合不同元素的能力，使其在消除污染中发挥重要作用。

现在河湖等水体的富营养化很严重，水体中氮、磷含量偏高，而植物生长又恰恰需要这些成分。我国在治理太湖和滇池等水体时，都采用了网状结构植物培养基种植植物的方法来消除水体的富营养化。

凤眼莲（图 6–3），又叫水葫芦，根系发达，如图 6–4 所示，对水中的铅、镉、汞、镍、锌等金属有极强的吸收能力。凤眼莲膨大的叶柄还是放射性废水的“过滤器”，可使放射强度大大下降。目前，它已经成为核电厂的“忠实伙伴”。

图 6–3　凤眼莲

图 6–4　凤眼莲发达的根系

吊兰，能将火炉、电器正常使用时所散发出的一氧化碳、过氧化氮等气体吸收干净。常春藤（图 6–5）和芦荟（图 6–6）在光照下，可以“吃进”空气中的甲醛。橡皮树（图 6–7）具有独特的净化粉尘的功能，也可以净化挥发性有机物中的甲醛。山茶、石榴碰到剧毒的氯气更是“面不改色”，会将其“吞”进体内；栀子花、石榴花会将室内的二氧化硫当成“美餐”；雏菊、万年青则不会放过空气中游离的三氯乙烯。

图 6–5　常春藤

图 6–6　芦荟

图 6–7　橡皮树

三、动物除污法

科学家发现，原产美国的一种红蚯蚓常在污水池和牲畜饲养场的土壤中生活，其主要食物是有机肥和其他有机废弃物。科研人员用这种蚯蚓与原产于吉尔吉斯斯坦的一种蚯蚓进行杂交，培育出了生存、繁殖能力更强，食量更大的蚯蚓新品种。这种杂交蚯蚓能在缺氧的条件下，进食污水中的致癌盐类、苯酚、有毒碳氢化合物等对自然环境有害的物质，而后再

把“食物”残渣转化成可促进植物生长的腐殖质、激素等无害物质，并将其排出体外。此外，这种蚯蚓还能净化公路两侧的草地，消化吸收土壤中含锌、镉的重金属化合物。

实例分析

植物能吸附 $PM_{2.5}$

为解决雾霾问题，北京市种植小叶黄杨、银杏等具有吸收、聚集、转化 $PM_{2.5}$ 及其前驱物的植物，广东种植了杧果、高山榕等具有较大滞尘功能的植物，可有效削减城市的 $PM_{2.5}$ 含量。

一般来说，叶片表面粗糙、凹凸不平，具有网状结构、气孔开口较大的植物更容易阻滞灰尘。植物的吸附作用经过一个月左右就会达到饱和，要注意对植物进行清洗。

雾霾污染，已成为全国性的问题。有专家称，城市建设要遵循“生态优先”即平衡生态用地和人工用地的原则，并科学选择植物以便有效吸附 $PM_{2.5}$。调查你所在地区有哪些具有净化功能的植物。

思考讨论

（1）收集微生物法消除污染、植物清污的实例。思考：微生物法可以消除哪些污染物？是怎样消除的？这种方法可以用在哪些方面？

（2）通过咨询或查阅资料，了解装修不久的居室中哪些材料可能有污染，空气中通常会有哪些污染物。

讨论：哪些植物具有清除污染物的功能。

利用蚯蚓处理生活垃圾

1．实验目的

了解利用蚯蚓处理生活垃圾的过程；学习做科学实验的方法和形成良好的科研习惯。

2．实验原理

蚯蚓是一种消化系统非常发达的低等动物。由于蚯蚓体内富含蛋白酶、脂肪酶、纤维酶、淀粉酶等物质，并且在蚯蚓的消化道中，还有大量的细菌、真菌、放线菌等微生物与之共存，因而蚯蚓具有极强的转化有机质的能力。蚯蚓的食性广、食量大，每天的进食量相当于自身体重的 50% ~ 70%，而生活垃圾中的大多数成分均为有机物，故可以利用蚯蚓来处理生活垃圾。

3．实验器材

天平、两个花盆、泥土、蚯蚓、各种生活垃圾等。

4．实验步骤

（1）分别在两个花盆内装入适量的泥土，使泥土的含水率为 50% ~ 70%。

（2）分别在两个花盆内加入等量的生活垃圾。

（3）在一个花盆内加入 20 条大小基本一致的蚯蚓，另一个花盆内不加蚯蚓。

（4）把两个花盆放置在阴暗处，并使生活垃圾和泥土始终保持 50% ~ 70% 的含水率。连续观察两周，记录实验结果，填写表 6-1。

表 6–1 利用蚯蚓处理生活垃圾的实验观察记录表

时间＼组别		菜皮	果皮	茶叶渣	鸡蛋壳	碎纸	破棉布、塑料、玻璃、铁屑、橡胶等
		50 克	50 克	50 克	25 克	50 克	共 25 克
一周后	1 号花盆						
	2 号花盆						
两周后	1 号花盆						
	2 号花盆						

5. 拓展

（1）本实验可以多组同时进行，包括使用不同种类的蚯蚓和组成比例不同的垃圾，但各组中投放的蚯蚓种类必须一致，蚯蚓的重量大致相等。

（2）本实验最好在温度为 20 ～ 30℃、相对湿度为 50% ～ 70% 的环境中进行。

（3）蚯蚓最易分解发酵腐烂的畜粪，试设计一个简单的生态畜牧场。

第 7 课　“新能源”家族

随着世界能源需求量的不断增加，煤、石油等化石燃料带来的环境恶化和资源耗竭问题日益严重，人们一方面在积极利用新的技术以减少化石燃料造成的大气污染，另一方面也正在积极寻求新能源的开发。太阳能、风能、沼气、地热能、核能、水能（包括河流水能、潮汐能、波浪能、海流能等）、氢能已在许多国家不同程度地开始使用。图 7–1 所示为新能源产业。

图 7–1　新能源产业

新能源是指风能、太阳能、地热能、海洋能、生物质能和核能等可再生资源经转化或加工后的电力或洁净燃料。新能源一般具有可再生、清洁、安全等特点。开发利用新能源是 21 世纪减少环境污染和温室气体排放，以及替代矿物能源的必然要求。我国新能源资源丰富，具有广阔的开发应用前景。

一、核能

核能是通过转化其质量从原子核释放的能量。核能通过三种核反应之一释放：核裂变，打开原子核的结合力；核聚变，原子的粒子融合在一起；核衰变，自然的慢得多的释能形式。核能具有无空气污染、能量密集、运输量小、地区适应性强等优点。它的唯一缺点是存在放射性污染，因此为了保证安全，由反应堆所产生的放射性废物应与环境隔离，不能进入生态环境。图 7–2 所示为核电站结构及其工作原理。

随着技术的发展，核能离我们的生活也越来越近。美国科学家已经研制成功一种新型的核电池，它的功率是同类电池的10倍。这种核电池体积小，寿命长，至少能工作12年，如果把它用在日常电器上，就节省了频繁更换电池的麻烦。在医学领域，它可以为心脏起搏器等需要常年埋植在人体内的医学仪器持续供电。由于这种核电池能适应温度的巨大变化，也能适应深海的高压和腐蚀，因此既能随太空飞船上天，也能随深海探测器下海。

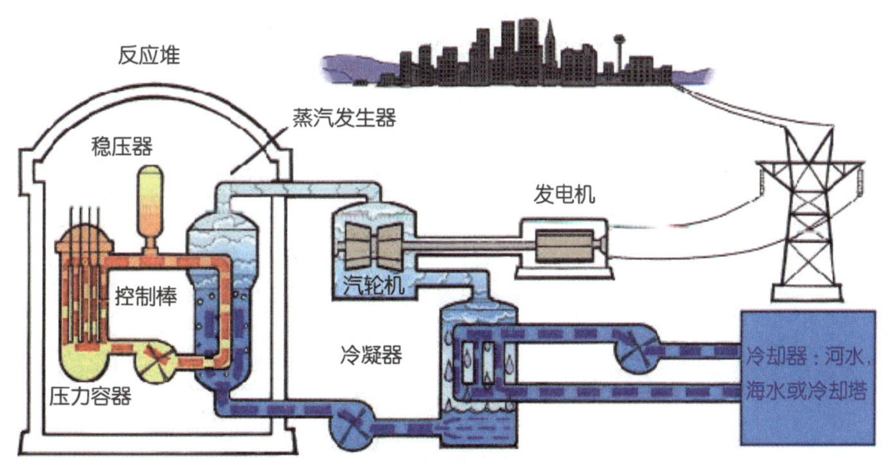

图 7–2　核电站结构及其工作原理

二、太阳能

太阳能是太阳内部连续不断的核聚变反应过程产生的能量。尽管太阳辐射到地球大气层的能量仅为其总辐射能量的二十二亿分之一，但太阳每秒钟照射到地球上的能量已相当于500万吨标准煤燃烧释放出来的能量。太阳能既是一次性能源，又是可再生能源。它资源丰富，可免费使用，无须运输，对环境无任何污染，在日常生活中应用广泛。图7–3所示为“天宫”二号与“神舟”十一号的太阳能帆板，图7–4所示为太阳能杀虫灯。

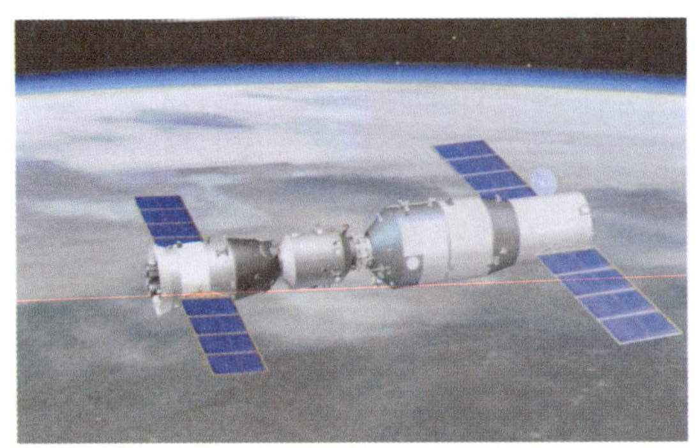

图 7–3 “天宫”二号、“神舟”十一号的太阳能帆板

图 7–4 太阳能杀虫灯

三、生物质能

生物质能是太阳能以化学能形式储存在生物质中的能量形式，它源于绿色植物的光合作用，是一种可再生能源，同时也是唯一一种可再生的碳源。生物质能的来源通常包括六大方面：木材及森林工业废弃物、农业废弃物、水生植物、油料植物、城市和工业的有机废弃物、动物粪便。在世界能耗中，生物质能约占14%，在不发达地区占60%以上。生物质能的优点是易燃烧、灰分较低，缺点是热

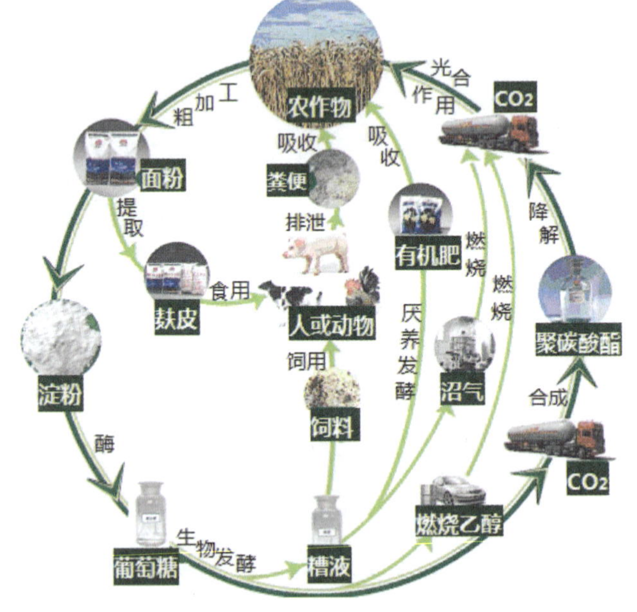

图 7–5 生物质能利用示意图

值及热效率低、体积大、不宜运输。直接燃烧生物质的热效率仅为 10% ~ 30%。生物质能利用如图 7–5 所示。

生物质能源可作为固体燃料用于发电，可经生物分解生产沼气，可通过发酵生产酒精，可通过高温快速裂解获得高品位液体燃料、气体燃料、添加材料。在生物质能高效利用新技术取得进一步突破后，生物质能必将获得更大的发展。

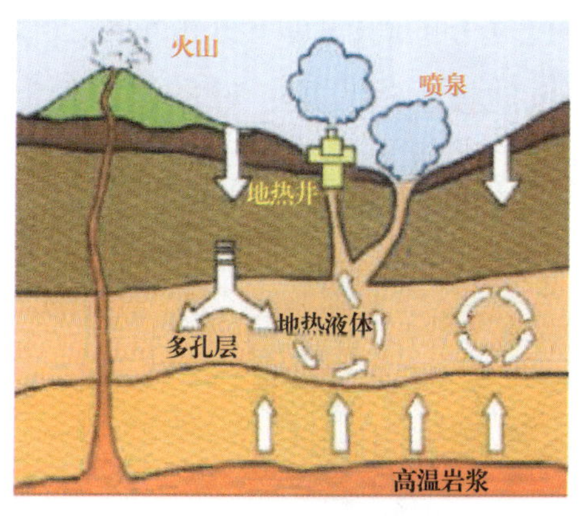

图 7–6　地热能形成示意图

四、地热能

地热能是储存在地下岩石和流体中的热能，其形成如图 7–6 所示。地热发电是地热利用最重要的方式，也可为建筑物供热和制冷。根据测算，全球潜在地热资源总量相当于每年 493 亿吨标准煤燃烧释放出来的能量。

五、风能

风能是指风所负载的能量，风能的大小决定于风速和空气密度。我国北方地区和东南亚沿海地区一些岛屿风能资源丰富。据国家气象部门资料显示，我国陆地可开发利用风能总量为 2.53 亿千瓦，主要分布在东南沿海及岛屿和新疆、甘肃、内蒙古等省区以及东北地区。图 7–7 所示为利用风能发电的风车。此外，我国海洋风能资源也很丰富，初步估计是陆地风能资源的 3 倍左右，可开发利用的资源总量为 7.5 亿千瓦。

图 7–7　风车

六、海洋能

海洋能是一种蕴藏在海洋中的可再生能源，海洋通过各种物理过程接收、储存和散发能量，这些能量以潮汐、波浪、温度差、海流等形式存在于海洋之中。海洋能按储存形式可分为机械能、热能和化学能。其中，潮汐能、波浪能、海流能为机械能，海水温差能为热能，海水盐差能为化学能。

七、氢能

氢能是通过氢气和氧气反应所产生的能量，干净、储量丰富，是一种理想的清洁高效的新能源。水、天然气和一些有机化合物中都可以提取出氢。氢是目前我们所知道的能量与重量比最高的有效能源。1千克氢能够产生相当于约3.78升汽油所产生的能量。作为汽车能源，氢有非常显著的优势——燃烧后只产生水蒸气。目前常用的提取方式有高温下分解天然气或者电解水等。随着制氢、氢能储运和燃料电池技术的发展，氢能将成为替代矿物能源的最佳选择。图7–8所示为伦敦奥运会服务的氢能汽车。

图 7–8 为伦敦奥运会服务的氢能汽车

实例分析

上海市发展新能源汽车

2014 年 5 月，上海市人民政府办公厅转发上海市发改委等六局委联合制定的《上海市鼓励购买和使用新能源汽车暂行办法》（以下简称《办法》）。

根据《办法》，对消费者购买新能源汽车，在中央财政补助的基础上，根据上海市新能源汽车登记车型目录有关信息和上海确定的补助标准给予补助；对直接或组织员工一次性购买新能源汽车超过 10 辆的法人单位，再给予 2 000 元 / 辆的财政补助；对汽车生产厂商，每回收一套新能源汽车动

力电池，上海市给予1 000元的补助。

《办法》还显示，消费者购买新能源汽车用于非营运的，上海市免费发放专用牌照额度。

阅读以上材料，讨论：

（1）你身边有哪些新能源的使用实例？举例说明它们给你的生活带来了哪些影响？

（2）针对新能源汽车的优惠政策会给当地市民的生活带来哪些变化？我们家乡开封有哪些优惠政策？

（3）你每天上学选择的是哪种交通方式？对比新能源汽车，你的出行方式有哪些优势和劣势？

身边的科技——太阳能热水器

太阳以其巨大的能量给地球带来了无限的生机。太阳能的利用由来已久，而在我国，最实用的民用技术就是太阳能热水器，其工作原理如图7–9所示，太阳能热水器具有节能、清洁等特点，已大量进入家庭。

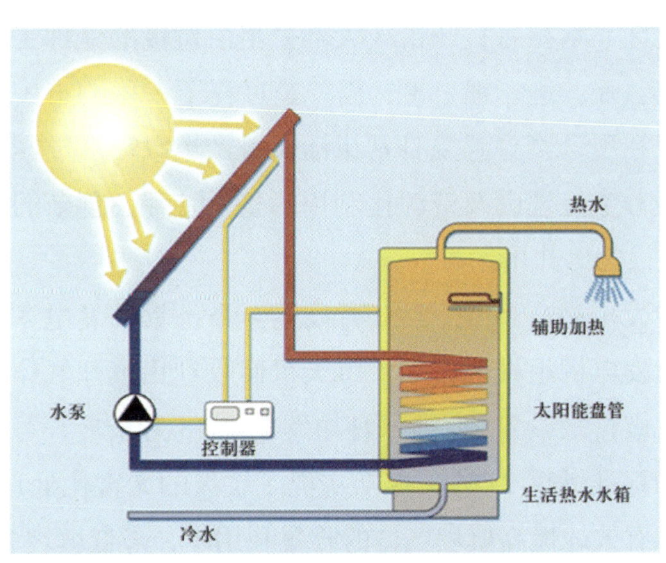

图7–9 太阳能热水器工作原理

（1）分小组，开展社会调查，并自主选择要调查的商场。

（2）以消费者的身份到各个商场调查了解各种热水器（燃气热水器、电热水器、太阳能热水器）的情况，包括它们的特点、性能、价格、销售情况等。（可以通过收集各种宣传资料来了解。）

（3）汇总并分析资料，总结出燃气热水器、电热水器、太阳能热水器这三种热水器的优缺点。

清洁能源让杭州更美

随着杭州市城市规模的不断扩大，近年来生活垃圾产生量增幅较大。2014年，浙江省做出“建设美丽浙江、创造美好生活”的决定，发展清洁能源、创建清洁能源示范省是建设“两美浙江”，支持“新城镇、新能源、新生活”的行动示范。

杭州天子岭发电厂成为变废为宝创新能源“先锋”。杭州天子岭发电站坐落于余杭区，承担着杭州市区大部分生活垃圾的处理工作，并建有集生活垃圾“集、疏、运、埋、覆、用”全过程于一体的市民生态游线路。余杭市民可以在现场亲自感受日常生活垃圾产生以后从前端清扫收集、清洁直运到垃圾分类处理以及资源化利用的整个流程。创新的清洁直运杭州模式让杭州垃圾物尽其用。

天子岭发电站自1998年10月投运至今已累计发电3.7亿千瓦时，目前共有8台发电机组投入使用，每天可回收利用填埋气体13万余立方米，减少二氧化碳排放量1 500吨，日均发电量18万余度，可供约2万户居民使用，节约标准燃煤22吨，成功实现了垃圾的无害化处理和资源再利用，同时进一步有效地提高填埋气体的收集利用率，降低填埋气体的环境危害，为杭州市打造低碳城市做出新贡献。

思考：杭州是如何让垃圾变废为宝的呢？建设生活垃圾焚烧发电厂有哪些好处？开封生活垃圾焚烧发电厂的建设需要考虑哪些因素？

节能是第五能源

最绿的能源是节省下来的能源。

——ABB 中国公司的宣传语

节能与开发新能源相比，从投资上看，可节省投资三分之一；从建设周期上看，可缩短周期三分之一到三分之二。对社会发展和经济建设而言，节能不仅有见效快的现实优势，还可以带动增加产量、提高产品质量、改善环境等多方面的效益。

改变家庭浪费能源的不良习惯

列一张表格，列出你们家可以节能的一些方法，在适当场合向家人通报以便提醒他们注意。每个人都会乐于帮助你，因为他们都可以参与节能活动，还能省钱。

节能建议：

在使用冰箱时，不要塞得太满。取东西时尽量避免冰箱门开太长时间，要迅速取出东西并随手关门。

若临时离开房间，要及时关灯、关空调。

提倡用微波炉烹饪食物。

我们在生活中只要稍加注意，就会产生节能灵感。试试看，能够为家庭节约多少能源开支？

建设节约型学校

以小组为单位，设计一个建设节约型学校的方案，对学校班级中节电、节水、节粮、节纸情况做详细的调查，看看我们还有哪些方面有待提高，向有关人员或部门提出您的建议或改进措施。制定一份节约型学校的公约，并倡议大家一起努力去实现目标。

第 8 课　绿色生活新主张

我们生活的方方面面都需要绿色与健康。无论你是在购物、工作时，还是在学习、娱乐时，都需要把整个生活变得健康、充满绿色。

远离污染，打造绿色生活，可以从点点滴滴生命细节开始：着手减少室内有害气体、悬浮颗粒及电磁辐射的污染；自制真正适合自身的护肤品；杜绝加工食品、含有添加剂或经过辐射处理的食品，选用绿色食品；把大自然带回家，但并非所有物种都适合你的家；用肥皂水而非洗车香波洗车；用简便无毒而不残忍的方法解决蟑螂、蚂蚁和苍蝇；巧妙清洗衣物；等等。

知识链接

绿色生活是指从本身做起，带动家庭，推动社会，改变以往不恰当的生活方式与消费模式，重新创造一种有利于保护环境、节约资源、保护生态平衡的生活方式与行动，是道德高尚、行为文明的体现。

绿色生活引导企业去发展绿色技术与清洁生产；鼓励政治家承担人类可持续发展的责任；体现一个人的文明与素养，也标志着一个民族的素质与力量。

一、绿色标志

绿色标志指在商品上印制的特定图案，表明该商品的生产、使用及处理全过程符合环境要求，不危害人体健康，不危害环境或危害极小，有利于资源的再生和回收使用。1978年，德国率先推行“蓝色天使环保标志”制度，在全球范围内形成了一股保护环境的绿色冲击波。我国从1994年开始实施“环境标志”产品制度。中国环境标志，如图8-1所示。环境标志标准对产品在环境保护、资源消耗、人体健康等方面提出了具体的要求。我们在日常消费时最好选择带有环境标志的产品。

图 8–1　中国环境标志

二、绿色消费

绿色消费主要指在社会消费中，不仅要满足我们这一代的消费需求、安全和健康，还要满足子孙后代的消费需求、安全和健康。它有三层含义：

（1）倡导消费者在消费时选择未被污染或有助于公众健康的绿色产品。

（2）在消费过程中注重对垃圾的处理，不造成环境污染。

（3）引导消费者转变消费观念，崇尚自然、追求健康，在追求生活舒适的同时，注重环保，节约资源和能源，实现可持续消费。

绿色消费包括的内容非常广泛，不仅包括绿色产品，还包括物资的回收利用、能源的有效使用、对生存环境和物种的保护等，可以说涵盖了生产行为、消费行为的方方面面。

拒绝一次性用品

一次性用品是现代社会中的一柄“双刃剑”，它既是物质富足、方便快捷的象征，也充当着把资源变成垃圾的“加速器”，增加了环境的负担，对环境造成污染。我国是一个有十几亿人口的大国，如果提倡一次性用品的使用，消费量将是巨大的，不仅造成资源的浪费，而且产生的废弃物也会带来无法预料的灾难。减少垃圾，从拒绝一次性用品开始。

使用环保购物袋

环保购物袋就是可循环使用，最终丢弃后易在自然条件下分解或不会给环境带来污染的购物袋，与普通塑料袋相比，它不容易破、漏，更结实。

推行原因：塑料购物袋是日常生活中的易耗品，中国每年都要消耗大量的塑料购物袋。塑料购物袋在为消费者提供便利的同时，由于过量使用及回收处理不到位等原因，造成了严重的能源资源浪费和环境污染。

光盘行动

研究表明，我国每年浪费的食物总量可以养活2.5亿～3亿人。食物的浪费加重了生态环境的负荷，加剧了城市"垃圾围城"和空气污染问题。浪费粮食还等于浪费了生产粮食所需的耕地、水，粮食生产运输所需的汽油、柴油，粮食种植所需的农药和化肥，粮食烹饪加工过程中需要的能源。而且化肥和农药用多了，还会造成环境的污染和土壤肥力的下降。

"光盘行动"倡导厉行节约，反对铺张浪费，带动大家珍惜粮食、吃光盘子中的食物，得到全国上下的广泛支持。光盘行动的宗旨：餐厅不多点、食堂不多打、厨房不多做。我们应养成生活中珍惜粮食、厉行节约、反对浪费的习惯，在餐厅吃饭，将未吃完的食物打包，按需点菜，在食堂按需打饭，在家按需做饭。"光盘行动"提醒与告诫人们：饥饿距离我们并不遥远，在今天珍惜粮食、节约粮食仍是需要遵守的传统美德之一。

三、绿色食品

绿色食品是指经专门机构认定，许可使用绿色食品标志的无污染的安全、优质、营养食品。我国绿色食品分为A级和AA级两个等级。A级绿色食品生产过程中严格按绿色食品生产资料使用准则和生产操作规程要求，限量使用限定的化学合成生产资料，并积极采用生物学技术和物理方法，保证产品质量符合绿色食品产品标准要求。AA级绿色食品生产过程中不使用化学合成的农药、肥料、食品添加剂、饲料添加剂、兽药及有害于环境和人体健康的生产资料，而通过使用有机肥、种植绿肥、作物轮作、生物或物理方法等技术，培肥土壤、控制病虫草害、保护或提高产品品质，从而保证产品质量符合绿色食品产品标准要求。

绿色食品标志图形由三部分构成：上方的太阳、下方的叶片和中间的蓓蕾，象征自然生态。标志图形为正圆形，意为保护、安全。颜色为绿色，象征着生命、农业、环保。图8-2为A级绿色食品标志，图8-3为AA级绿色食品标志。

图 8-2　A 级绿色食品标志

图 8-3　AA 级绿色食品标志

购买绿色食品时要做到“五看”

一看级标。中国绿色食品发展中心将绿色食品定为 A 级和 AA 级两个标准。A 级允许限量使用限定的化学合成物质，而 AA 级则禁止使用。A 级和 AA 级同属绿色食品，除这两个级别的标志外，其他均为冒牌货。

二看标志。绿色食品的标志和标袋上印有“经中国绿色食品发展中心许可使用绿色食品标志”字样。

三看标志上标准字体的颜色。A 级绿色食品的标志与标准字体为白色，底色为绿色，防伪标签底色也是绿色，标志编号以单数结尾；AA 级使用的绿色标志与标准字体为绿色，底色为白色，防伪标签底色为蓝色，标志编号的结尾是双数。

四看防伪部分。绿色食品有防伪标志，在荧光下能显现该产品的标准文号和绿色食品发展中心负责人的签名。若没有该标志便可能为假冒伪劣产品。

五看标签。除上述绿色食品标志外，绿色食品的标签符合国家食品标签通用标准，如食品名称、厂名、批号、生产日期、保质期等。检验绿色食品标志是否有效，除了看标志自身是否在有效期内之外，还可以进入绿色食品网查询标志的真伪。

四、绿色包装

绿色包装要求企业在产品设计及包装的使用和处理方面，既要努力降低商品的包装费用，又要降低包装废弃物对环境的污染程度。当今包装业，环保实用的瓦楞纸包装（图8–4）受到拥护，中国也一直在积极推动环保包装的进程。自2001年开始，我国每年在华南地区举办的“华南国际瓦楞展”，开展全球包装绿色研讨会，极大地推动了绿色包装的发展。

8–4　环保瓦楞纸包装

五、绿色住宅

绿色住宅是符合生态要求且不污染环境、不危害人体健康的住宅，它是生态学、建筑学和园林学相结合的产物。其特点是：尽量使用天然材料，尽量使用天然能源与再生能源，采用节能技术和防治污染措施，宅址选在远离污染源的地方。荷兰、日本建筑师按上述特征设计出生态住宅——零排放概念房屋（图8–5），采用不影响人体健康的建筑材料，不用空调，采用节能光源，化石能源零投入，实现太阳能完全供能，不产生垃圾，废水废气,零排放，造价低廉。

图 8–5　零排放概念房屋

2009 年在中国上海建造的“汉堡之家”，是我国第一幢获得德国权威机构认证的“被动房”建筑项目。它每平方米一年的消耗相当于 50 度电的能量，只有普通办公楼的 1/4。而它在屋顶上安装的光能利用设备已能提供建筑所需电能的 90%，地源热泵装置则供应整个建筑的制冷和供暖。

在英国，政府从 1986 年开始制订国家节能计划，目前英国新建住宅基本上都达到了最高节能等级的要求，按新标准设计的节能型住宅比传统住宅在能量消耗上的花销减少 75%。

英国建筑设计师结合德国技术，设计出的绿色节能房屋，一个家庭每年的燃料费只需 70 英镑。他们让房屋像“向日葵”似的一直向阳，取得了一种“保温套”式的效果。同时它还确保了完整的空气和风力密封性，使潮湿空气不能进入建筑物内，里面的热气也不会跑出屋外。使用机械热回收通风系统，还能使屋内空气永远保持新鲜。

六、绿色出行

绿色出行就是采用对环境影响最小的出行方式，即节约能源、提高能效、减少污染、有益于健康、兼顾效率的出行方式。多乘坐公共汽车、地铁等公共交通工具，合作乘车，环保驾车，或者步行、骑自行车等。只要是能降低自己出行中的能耗和污染的出行方式，就叫作绿色出行、低碳出行。

汽车工业为人类的发展带来了快捷和方便，但是由于城市汽车保有量的剧增，引起了能源消耗、空气污染、道路堵塞等一系列问题。在经济较为发达的北京、上海、广州等大城市，机动车排放的一氧化碳、碳氢化合物、氮氧化物、细颗粒物所占平均比例为 80%、

75%、68%和 50%，已成为这些城市空气污染的第一大来源。机动车尾气也是增长最快的温室气体排放源，既损害了人体健康，又加重了我们的经济负担。

每年的 9 月 22 日是“世界无车日”，其标志如图 8–6 所示。“无车日”最早是由法国发起的，其宗旨是增强人们的环保意识，了解汽车对城市环境造成的危害，鼓励人们在市区使用公共交通工具、骑车或步行。1998 年 9 月 22 日，法国 35 个城市的市民自愿发起了在当天弃用私家车的行动，成了法国第一个“市内无车日”。后来，法国首创的无车日在 2000 年 2 月被欧盟纳入环保政策框架内，9 月 22 日亦因而成为“欧洲无车日”“国际无车日”，此后，这一活动迅速扩展到全球。

图 8–6　世界无车日标志

实例分析

图 8–7　森林城市花园

清华大学建筑设计研究院推出了森林城市花园（图8—7）建筑模式。该模式将花园搬到了高层住宅，建筑外墙90%的面积被绿色植物包围，每层可带空中花园，家家户户都能拥有空中私家森林花园，居民可以在花园中种树、种花、遛狗、养鸟等。植物的灌溉用水来自经过过滤的循环利用的生活污水，整栋楼还运用了太阳能科技。

森林城市花园，这样的建筑将会给我们的生活带来哪些变化？对环境产生怎样的影响？

未来的城市建设会朝着什么样的方向发展？

无噪声的幸福生活

世界上的声音有千千万万种，有的我们听起来很悦耳，比如百灵鸟的叫声、钢琴弹奏的声音，这些都是乐声；有的则让我们听了不舒服，比如大街上的车流声、工地上的施工声、市场的吵闹声等，这些声音就是噪声，人们如果长期生活在其中就会感觉很难受，吃饭睡觉都会受到干扰，导致精神状态不佳。

查找资料并思考讨论下面的问题：

为什么噪声会使我们不舒服？噪声来自哪里？我们该怎样应对噪声干扰？生活中我们能够从哪些方面尽量减弱噪声？

生活中要远离辐射

电磁辐射是一种无处不在的无法避免的物理现象，人体本身也存在着天然的电磁辐射源，所以，认清日常生活中的对人体有害的电磁辐射非常重要。现代生活中形形色色的家用电器在为人类带来生活的便捷的同时，也隐蔽地对我们的健康构成威胁。我们或许无法抛开它们不用，但我们可以尽量地少使用它们。

查找资料并思考讨论下面的问题：

生活中哪些辐射是有害的？如何避免生活中有害辐射对身体的伤害？

垃圾分类回收

生活垃圾一般分为四大类：可回收垃圾、厨余垃圾、有害垃圾和其他垃圾。各类生活垃圾标志如图 8-8 所示。可回收垃圾包括纸张、金属、塑料、玻璃灯，通过回收利用可以减少污染、节省资源。厨余垃圾包括各种废弃的剩余食物，经过生物处理堆肥，每吨可以产生 0.3 吨有机肥料。有害垃圾包括废电池、灯管、废水银温度计、过期药品、电脑显示屏、集成电路板等。其他垃圾包括砖瓦、渣土等废弃物。有的生活垃圾自然分解所需的时间（表 8-1）很长，所以我们要妥善处理各类垃圾。

可回收物
Recyclable

厨余垃圾
Kitchen Waste

有害垃圾
Harmful Waste

其他垃圾
Other Waste

图 8-8　各类生活垃圾标志

表 8–1 部分生活垃圾自然分解所需时间

橘子皮：2 年	烟头：1 ~ 5 年
羊毛织物：1 ~ 5 年	尼龙织物：30 ~ 40 年
皮革：50 年	易拉罐：80 ~ 100 年
塑料：100 ~ 200 年	玻璃：1 000 年

挪威人怎样扔垃圾？

挪威优美的环境离不开挪威人良好的垃圾分类习惯与环保意识，垃圾回收成了挪威人生活的重要部分。

无论在挪威哪个城市的大街上，最少也会并排放三只垃圾桶，分别用来盛装可回收纸品类、塑料类和不可回收生活用品类垃圾。市民可以免费获取市政机构提供的不同颜色的垃圾袋，以不同颜色的垃圾袋区分不同的垃圾类别，可以大幅提高垃圾处理厂的分拣效率，也极大降低了垃圾处理的成本。至于灯泡、灯管和电池，市民可以在超市入口处找到专门回收废旧灯泡、灯管和电池的垃圾箱。避免了有害物质对土地和水源造成的污染。

可以回收利用的饮料瓶、易拉罐等，如果你不想丢弃，那是可以换钱的。挪威的超市里设有自动回收瓶子和易拉罐的机器，市民将瓶子、易拉罐投入机器的同时机器会自动分拣。与此同时，机器上的屏幕会显示相应的金额。回收完毕后按下“确认”按钮，机器就会打印出回收金额的单据。凭借这张单据，可以在购物结账时直接抵用现金，也可以凭借单据到银行兑换货币，很方便就可将垃圾卖了，这样谁还会随手丢弃垃圾呢？

思考并讨论：挪威怎样使垃圾变为资源？为实现垃圾分类处理，我们日常生活中应该怎样做？

生态旅游

——留下的只有脚印，带走的只有照片

旅游业在早期发展历史中，一直被认为是没有污染或污染很少的“无烟工业”。直到近20年来，旅游业对环境的污染愈来愈明显，其引发的环境恶果才引起人们的日益关注。

如果旅游者有善待环境的道德和行为习惯，就可以促使景点环境质量的提高；反之，旅游者的不良行为会使环境质量降低。

1983年，国际自然保护联盟首次提出了生态旅游的概念。生态旅游有两个要点：一是生态旅游的对象是自然景观；二是生态旅游的对象不应受到损害。

世界银行环境部和生态旅游学会把生态旅游定义为：“有目的地前往自然地区去了解环境的文化和自然历史，它不仅不会破坏自然，而且会使当地社区从保护自然资源中得到经济收益。”

同学们，我们外出郊游时应该怎样爱护环境，尽量减少垃圾呢？试试下面的做法。

郊游准备：郊游的必需品，一个垃圾袋。

步骤：

(1) 出发前思考自己如何选择食品才能既够用又尽量少产生垃圾。

(2) 临出发时，清点自己带了哪些饮食，有什么包装，可能产生哪些垃圾，再分别与别的同学比较，互相进行评价。

(3) 郊游途中，见到路上有垃圾就捡起来装入垃圾袋中，自己的垃圾也装入垃圾袋中。

(4) 郊游完，将垃圾袋统一收集，放在附近的垃圾箱处。观察通过大家的努力，旅游地是否变得更美丽了。

(5) 写一篇生态旅游日记。

第 9 课　生态文明新时代

近些年来，全球性气候变暖、环境污染加剧等问题日益凸显，生态环境保护引起各国人民的普遍关注，生态兴则国兴、生态衰则文明衰已成为全世界人民的共识。顺应人类社会发展的大趋势和人民群众的新期待，中国共产党将生态文明建设纳入中国特色社会主义事业总体布局，做出了“努力建设美丽中国，实现中华民族永续发展”的庄严宣誓。建设生态文明关系人民福祉、关乎民族未来，我们应积极响应“努力走向社会主义生态文明新时代”的号召，为新形势下推进生态文明建设贡献自己的一份力量。

知识链接

一、倡导生态文明

人类社会文明的发展经历了采猎文明（褐色文明）、农业文明（蓝色文明）、工业文明（灰色文明）之后，又迎来第四次浪潮——生态文明（绿色文明）。如表9-1所示。

表9-1　人类社会文明的发展

人类社会文明的发展类型	采猎文明（褐色文明）	农业文明（蓝色文明）	工业文明（灰色文明）	生态文明（绿色文明）
时段	公元前200万年至公元前1万年	公元前1万年至公元18世纪	公元18世纪至今天	今天
对自然的态度	依赖自然	改造自然	征服自然	善待自然
环境问题表现		森林砍伐、地力下降、水土流失	从地区性公害到全球性灾难	全球性灾难有待解决
人类对策	听天由命	牧童经济	环境保护	可持续发展

生态文明是人类为保护和建设美好生态环境而取得的物质成果、精神成果和制度成果的总和，是贯穿于经济建设、政治建设、文化建设、社会建设全过程和各方面的系统工程，反映了一个社会的文明进步状态。

蕾切尔·卡逊的《寂静的春天》

美国海洋生物学家蕾切尔·卡逊的《寂静的春天》（图 9–1）于 1962 年问世，引发了整个现代环境保护运动，此书被评为影响世界历史进程的 10 部重要著作之一。

图 9–1　蕾切尔·卡逊和她的《寂静的春天》

《寂静的春天》关于农药危害人类环境的预言，在 20 世纪 60 年代的美国，强烈震撼了社会广大民众，同时也受到生产与经济部门的猛烈抨击。因为当时环境保护不存在于社会意识中，流行于全世界的口号是“向大自然宣战”“征服大自然”，大自然仅仅是人们征服与控制的对象，而非保护并与之和谐相处的对象。蕾切尔·卡逊第一次对人类的这种意识提出了质疑。这位瘦弱、身患癌症的女学者，向人类几千年的社会传统发起了挑战。《寂静的春天》出版两年之后，她心力交瘁，与世长辞。作为一个学者和作家，蕾切尔·卡逊所遭受的诋毁和攻击是空前的，但她坚持的思想终于为人类环境意识的启蒙点燃了一盏明亮的灯。

“春天本该是万物复苏、欣欣向荣的，但是这里的春天寂静无声。枯萎了湖上的蒲草，销匿了鸟儿的歌声”，作者以非凡的勇气、生动的笔触和严谨的科学态度，揭露了人类为了自身的利益而对地球上所有生命赖以生存的自然环境进行无情破坏的事实，并向人类敲响了警钟。

21 世纪与生态文明

1992 年 6 月，联合国环境与发展大会在巴西举行，183 个国家的代表和 102 位国家元首出席了会议。会议通过和签署了《里约热内卢环境与发展宣言》《21 世纪议程》等重要文件。会议明确提出了实施可持续发展战略的具体行动方案，从而最终确立了绿色文明是灰色文明的“终结者”的目标，标志着一个崭新文明时代的到来。同时指出，坚持可持续发展，也就是人与自然的和谐发展是走向绿色文明的共同道路。为了建设生态文明，保护环境，我国加入了部分国际环境保护公约，如表 9-2 所示。

表9-2　中国加入的部分国际环境保护公约

<table>
<tr><th></th><th>环境保护国际公约</th><th>签署时间</th><th>主要内容</th></tr>
<tr><td rowspan="2">气候变化</td><td>《联合国气候变化框架公约》</td><td>1992 年 6 月 4 日</td><td rowspan="2">控制二氧化碳、甲烷和其他温室气体的排放；建立机构执行对发展中国家的经济援助和技术转让，帮助它们最大限度地减少温室气体排放。</td></tr>
<tr><td>《〈联合国气候变化框架公约〉京都议定书》</td><td>1997 年 12 月 11 日</td></tr>
<tr><td rowspan="3">生物多样性保护</td><td>《国际植物新品种保护公约》</td><td>1978 年 10 月 23 日</td><td rowspan="3">保护濒临灭绝的动植物，要求签字国将本国境内的野生动物列入财产名录，制订保护濒危物种的计划。</td></tr>
<tr><td>《国际遗传工程和生物技术中心章程》</td><td>1983 年 9 月 23 日</td></tr>
<tr><td>《生物多样性公约》</td><td>1992 年 6 月 5 日</td></tr>
<tr><td rowspan="2">臭氧层保护</td><td>《保护臭氧层维也纳公约》</td><td>1985 年 3 月 22 日</td><td rowspan="2">了解和评价人类活动对臭氧层的影响、臭氧层的变化对人类健康和环境的影响；控制、削弱或禁止其辖区内人类活动对臭氧层造成的不良影响。</td></tr>
<tr><td>《蒙特利尔议定书》</td><td>1987 年 9 月 16 日</td></tr>
</table>

二、中国生态文明核心理念

党的十八届五中全会提出创新、协调、绿色、开放、共享的发展理念，将绿色发展确立为新时代生态文明建设的核心理念。我们应把绿色发展理念融入经济和社会发展的各个方面，用绿色发展、循环发展和低碳发展理念引领新型工业化、农业现代化，协同推进人们富裕、国家富强、中国美丽。

中国古代先贤的生态哲学思想

绿色发展在我国具有深厚历史文化底蕴。自古以来，我国人民就有尊重自然、与自然和睦相处的“天人合一”观念。

两千多年前的战国时期思想家荀子提出了他的一种朴素的生态哲学思想：“天行有常，开源节流，谨其时禁，王法赋政。”意思是说：大自然的运行有自己的规律，国家和民族长治久安需要节约用度、爱护自然万物、加强法规管理。荀子等众多古代先贤丰富深邃的生态哲学思想深深根植于一代又一代中华儿女的心中，对当今生态文明建设具有重要的启迪作用。

三、推进中国生态文明建设

生态文明建设绝不仅仅涉及生态环境本身，而且同时涉及经济社会发展的各个领域。新时代推进生态文明建设，应从多个领域展开：

第一，在生产领域，应大力发展资源节约、环境友好的生态经济，包括循环经济、绿色经济、低碳经济等。

第二，在消费领域，要倡导绿色消费、可持续消费，反对奢侈浪费、非理性消费。

第三，在城市建设领域，要注重保护城市生态环境，包括水环境、大气环境等，加强废弃物的回收利用。

第四，在生态环境领域，要精心呵护树木、绿地、河流、湖泊和湿地，使它们成为人类居住区不可缺少的组成部分。

第五，在文化教育领域，要把加强生态文明教育、传播生态文明观念作为文化教育的重要内容。加强学校、社会教育，继承优秀传统文化，吸收国外先进理念。

第六，在法治建设和管理领域，要通过法律、政策、管理等综合手段促进生态文明建设。

中国生态文明建设重要政策法规

2015 年 9 月，中共中央、国务院印发《生态文明体制改革总体方案》，提出生态文明体制改革的六大理念。1. 树立尊重自然、顺应自然、保护自然的理念。生态文明建设要融入经济、政治、文化建设各个方面。2. 树立发展和保护相统一的理念。发展必须是绿色、低碳、可持续发展。3. 树立绿水青山就是金山银山的理念。4. 树立自然价值和自然资本的理念。保护和发展生产力。5. 树立空间均衡的理念。人口、经济增长速度不能超过资源环境的承载能力。6. 树立山水林田湖是一个生命共同体的理念。对自然生态各要素进行整体保护，增强生态系统循环能力，维护生态平衡。

2016 年 11 月，国务院印发《“十三五”生态环境保护规划》。以“创新、协调、绿色、开放、共享”五大发展理念指导生态环保领域，将“生态环境质量总体改善”作为全面建设小康社会新的目标要求，它同时也是生态文明建设新的目标要求。

四、做环境友好型公民

党的十八届三中全会提出，紧紧围绕建设美丽中国深化生态文明体制改革，加强生态文明制度建设。通过各种途径，使每个公民具有良好的环境道德观念，这是我们能真正实现可持续发展的唯一办法。

为了挽救地球所面临的困境，我们每个人应该时刻不忘保护环境的责任，加强环境保护方面的自我教育，提高环境保护的自觉性。从自身做起，从小事做起，从现在做起，让环保取得实效。

改变以个人为中心的价值观。遵循人与自然和谐共处的思想，保护我们赖以生存的环境。

提高个人环境素质，加强环境保护意识。养成良好的环境保护习惯，传播绿色文明。不在建筑物上乱写乱画乱贴，自觉美化环境，如植树造林、爱护一草一木，努力创造清洁、宁静、优美的生活环境。

节约最时尚

让节约成为一种绿色时尚，其核心是适度消费，尽量缩小自己的生态脚印，减少环境代价。

绿色时尚生活方式：

（1）节约资源，适度消费：节约每一滴水，每一度电、每一升汽油；减少温室气体的排放，减少水污染。

（2）绿色选购，品质消费：把手中的钞票变成绿色钞票，选购环保产品，支持环保事业。

（3）废物减量，复用消费：节约资源，减少垃圾，少用一次性用品。

（4）垃圾分类，循环消费：垃圾分类投放，变废为宝。

（5）保护环境，文明消费：不吃野生动物、不用野生动物制品、植树造林、保护原生生态。

遍布全球的“根与芽”

根在大地下舒展、蔓延，无所不在，根就是坚实的基础；芽看上去弱不禁风，然而为了得到阳光，他们能钻出坚硬的砖墙。我们这个世界上面临的各种问题，就像那一堵坚硬的砖墙。成千上万的根与芽，全世界成千上万的年轻人能够冲破这些砖墙！你能够改变世界！

——珍·古道尔博士

根与芽是一个国际性的环保组织，旨在鼓励青年人发现生活中存在的不合理现象，并通过自身的努力解决这些问题，切切实实地为自然保护、社区建设做出积极的改变。根与芽的活动涉及空气、环境美化、食物健康、社区、民族文化、植物树木、和平、宠物、野生动物、水、循环利用这十一个方面，根与芽希望以这十一项主题为载体，让人们能尊重爱护一切生命，加强不同文化与信仰间的交流，鼓励更多的人行动起来。同学们，我们也快快行动起来吧！

实例分析

哈尼梯田——人与自然的和谐赞歌

哈尼梯田（图9–2）秋天一片金黄，冬天波光粼粼，春夏绿浪翻滚。哈尼梯田不仅一年四季景色不同，一天之中也是景色各异的。如此众多的梯田，在茫茫森林的掩映中，在漫漫云海的覆盖下，是如此神奇壮丽。这些景区就是成功申报了世界遗产的核心保护区。

图 9–2　哈尼梯田

尊崇森林树木是哈尼人的精神信条与传统习俗。哈尼人认为树和人一样是有生命的，人和树是平等的，人决不能无缘无故去伤害一棵树；没有树就没有水，没有水就种不成梯田，没有梯田就没有哈尼人。正是这些认识才能够形成“森林—水系—村寨—梯田”这样的良性循环复合生态系统。

哈尼梯田的历史已有1 300多年。哈尼梯田为何能成功抵御大旱，有效消减自然灾害，一直保持活力？因为哈尼人相信森林、房屋、梯田、飞鸟都是有灵魂的。从古至今沿袭着祭寨神、祭山水、祭谷娘等习俗。哈尼族是一个善于和大自然亲密相处的民族。哈尼人顺应了自然规律，与大自然和谐共处，使他们的生存环境成为一个稳定的生态系统，并同时形成了哈尼梯田独特的生态文化。

分析：哈尼人是怎样与大自然和谐相处的？我们应从中学会什么？

古人如何抓环保

我国早在远古时期就设立了自然资源管理和环境保护的机构。相传舜任命伯益管理山林草泽这些自然资源，让自然资源不至于枯竭。

秦国的法制残酷，《管子》中记载，破坏封山的人一律处死。《韩非子》记载“弃灰于公道者断其手”。

汉代禁止在春夏时捅鸟巢，掏鸟蛋，用弹弓打鸟。

唐代的法律规定，滥伐林木的，以盗窃论，随意烧荒的，抽五十鞭子。宋代规定，在阴历二月初一至十月三十日禁止烧荒。

明代李苏在其专著《见物》中，为动物的生命和尊严大声疾呼，呼吁人们在享用万物的时候，都要存一份感恩之心。

清代的郑板桥曾经撰文称人生的乐趣，就是以天地为苑囿养育飞禽走兽，以江汉为池塘观赏游鱼，认为顺应自然才是至乐的境界。

思考：古人是如何保护自然资源和自然环境的？古人有哪些环保思想是值得当今社会借鉴的？

建设校园的绿色文化

在身边践行绿色文化，最直接的就是去建设我们的绿色校园。我们应该怎样建设校园的绿色文化呢？

从下文中“方法指引”或者自己想出的活动出发，设计并实施至少一个活动。

为自己的绿色生活行为建立监督表，定期总结自己的表现，并和同学沟通心得体会。从自身做起，让周围充满绿色。

方法指引：

(1) 认识校园的绿色，增加校园的绿色

组织认识校园内的植物活动；定期举行“绿色植物美化校园”活动。通过这些活动，使同学们加深对周围的绿色环境的认识，培养大家对绿色环境的感情。

(2) 推动校园绿色文化发展

举办有关环保的讲座、开设环境教育校本课程。

在校园内开展节电、节水活动。

开展参观自然生态区、垃圾填埋场、有机农场等户外的绿色实践活动。

在校内张贴环保风尚和不环保行为的通告，或者报道世界各地关于环保的新举措等。

开展旧物回收和利用活动。将校园内的废弃物，如纸张、饮料瓶等分类回收；举办二手物品交换活动。

学习用废纸制作再生纸或利用废物制作模型。

开展环境问题小研究，或郊外考察活动，去研究身边环境发生的变化。

这些都可以有效地提高同学们的环保意识，并使更多的人正视和了解环保的重要性，唤起同学们在日常生活中对环境问题的关注。

（3）生活中保持绿色行为

对学校食堂，可建议搞好餐具消毒，拒绝使用一次性筷子和快餐盒。

用具尽可能使用可以再利用的，尽量将浪费减少到最小。

要留心生活细节，不要随便浪费食物、纸张、电、水等，收集废纸以便回收利用，离开教室前要关掉所有电器。